Wetz | Das Glück

[Was bedeutet das alles?]

Franz Josef Wetz

Das Glück

Ein Provisorium

Reclam

2. Auflage

RECLAMS UNIVERSAL-BIBLIOTHEK Nr. 14496
2024 Philipp Reclam jun. Verlag GmbH,
Siemensstraße 32, 71254 Ditzingen
Gestaltung: Cornelia Feyll, Friedrich Forssman
Druck und Bindung: Esser printSolutions GmbH,
Untere Sonnenstraße 5, 84030 Ergolding
Printed in Germany 2025
RECLAM, UNIVERSAL-BIBLIOTHEK und
RECLAMS UNIVERSAL-BIBLIOTHEK sind eingetragene Marken
der Philipp Reclam jun. GmbH & Co. KG, Stuttgart
ISBN 978-3-15-014496-1

www.reclam.de | info@reclam.de

Inhalt

Bausteine des Glücks

Rezepte und Konzepte

Das Glück hat Konjunktur: Gemäß einem Beschluss der UN-Hauptversammlung wird seit 2013 am 20. März jeden Jahres der Weltglückstag begangen. Der Welt-Glücks-Report berichtet regelmäßig über den Stand des Glücks weltweit. Seit Jahren belegen skandinavische Länder die ersten Plätze; die deutschsprachigen Länder liegen unter den ersten 25 von ungefähr 140 Nationen. Seit 2007 bieten einige Schulen das Fach Glück an, inzwischen rund 150, Tendenz steigend. Es gibt zahlreiche kulturelle Angebote zum modernen Glücksprojekt – eine unübersichtliche Anzahl an Glücksratgebern und eine Reihe von Ausstellungen wie etwa »Körperwelten. Anatomie des Glücks« in Heidelberg und Amsterdam.

Doch es klingt zu schön, um wahr zu sein: Lassen sich die mannigfaltigen Glücksversprechen tatsächlich ohne Wenn und Aber uneingeschränkt einlösen? Oft heißt es: Alles wird gut. Man muss es nur ernsthaft wollen. Jeder kann einen wesentlichen Beitrag zum eigenen Glück leisten. Denn für die Gestaltung seines Daseins ist man hauptsächlich selbst verantwortlich. Ob privat oder beruflich – das Glück hängt zu einem erheblichen Teil von einem persönlich ab. Den Schlüssel zum Glück trägt jeder in sich. Jeder ist seines Glückes Schmied. Denn das Glück ist vor allem eine Frage individueller Wahl. Es braucht nicht viel, um glücklich zu sein. Schon eine positive Grundeinstellung genügt. Diese lässt sich trainieren. Man kann lernen, glücklich zu sein, hört man oft.

Daher sei es ratsam, ein *Dankbarkeitstagebuch* oder *Tagebuch der positiven Gewohnheiten* zu führen. Tägliche Übungen können das subjektive Wohlbefinden vermehren. Einfache Techniken, regelmäßig angewandt, lassen das Leben aufblühen. Sie erhöhen das persönliche Glücksniveau und lassen das positive Lebensgefühl zur Gewohnheit werden. Dazu gehört ein positiver Tagesausblick am Morgen, in dem man sich kurz vergegenwärtigt, was heute alles auf einen zukommt und welche persönlichen Stärken zum Gelingen des Tages beitragen können. Am Abend könnte man sich dann in Erinnerung rufen, was schön an dem Tag war und welche mentalen und emotionalen Stärken dabei halfen, den Tag zu einem schönen, glücklichen Tag zu machen.

Außerdem empfehlen Glückstagebücher diverse Übungen mit Schwerpunktsetzungen: Montags könnte man besonders achtsam sein und etwa die Mahlzeiten bewusster einnehmen. Dagegen möge man sich dienstags in Dankbarkeit üben. Die Mittwoche seien dem Optimismus gewidmet, und donnerstags könnte man anderen viele kleine Freuden bereiten, mehr Komplimente geben, noch freundlicher sein als sonst. Natürlich versprechen solche Tagebücher, erst dann positive Gewohnheiten aufzubauen und das Wohlbefinden zu steigern, wenn sie längere Zeit geführt werden.

Die Plastizität unseres Gehirns ermöglicht es, Gewohnheiten in der Verbindung mit positiven Gefühlen umzusetzen. Neuroplastizität bezeichnet die Fähigkeit, durch wiederholt gemachte Erfahrungen neue Hirnstrukturen auszubilden. Unser Gehirn ist also bis zu einem gewissen Grade formbar. Positive Erlebnisse und Gedanken hinterlassen messbare Spuren. Sie lassen bis dahin unbekannte Kontakte und Bahnen im Kopf entstehen, die das positive Denken stärken und steigern. Und dabei findet eine Wechselwirkung statt.

Sollte es mit dem ersehnten Glück aufgrund widriger Lebensumstände nicht so gut laufen, wird empfohlen, Scheitern als Chance zu sehen. Fehlschläge können die persönliche und berufliche Entwicklung voranbringen. In der Wissenschaft pflastert seit jeher der Irrtum den Weg zum Erfolg. Dort kommt es nicht selten zu wichtigen Ergebnissen, weil ein Ziel auch gegen widrige Umstände weiterverfolgt wurde.

Nutze also die Gelegenheit, nach Niederlagen dein Glück auf neuen Wegen zu suchen! Selbst der schlimmste Fehler ist nicht so schlimm, wie es nicht noch einmal versucht zu haben! Halte durch! Begreife Rückschläge als Herausforderungen, die sich bewältigen lassen! Sei stärker als deine stärkste Ausrede!

Zwar ist es nach schwierigen Lebenssituationen oft nur schwer möglich, das gewohnte Leben ohne Abstriche fortzusetzen. Doch können Niederlagen zu einer bewussteren Lebensweise und größeren Wertschätzung des eigenen Daseins verhelfen. Im Bestfall findet eine Art Wiedergeburt statt. Traumatische Belastungsstörungen führen nicht selten zu posttraumatischem Wachstum.

So oder so ähnlich lauten die Kernaussagen der Positiven Psychologie. Die Bezeichnung »Positive Psychologie« tauchte bereits Mitte des 20. Jahrhunderts auf und stammt von Abraham Maslow (1908–1970).[1] Die dahinterstehende Idee ist jedoch jahrhundertealt. Schon Jean-Jacques Rousseau

(1712–1778) meinte, dass die »Quelle des wahren Glücks [...] in uns selber« liegt.[2]

Doch erst zu Beginn des 21. Jahrhunderts wird die Positive Psychologie populär. Martin Seligman (geb. 1942) und Mihály Cszikszentmihalyi (1934–2021) machen sich für die positive Denkweise stark: Die herkömmliche Psychologie lenkt ihre Aufmerksamkeit vornehmlich auf negative Züge der menschlichen Psyche wie Depressionen, Neurosen oder Psychosen. Dagegen konzentriert sich die Positive Psychologie auf das subjektive Wohlbefinden, das bisher in der Psychologie eher vernachlässigt wurde. So bewertet etwa Sigmund Freud (1856–1939) jede menschliche Sinnsuche als Symptom eines krankhaften Sinnverlusts. Entsprechend heißt es in einem Brief vom 13. August 1937: »Im Moment, da man nach Sinn und Wert des Lebens fragt, ist man krank.« Im Gegensatz dazu bewertet die Positive Psychologie Sinnsuche als typisch für einen mündigen Menschen, der Ausschau nach Orientierung hält. Die Positive Psychologie wurde deshalb schnell zu einem Teil der aktuellen Glücksforschung, die zum einen den Schlüssel zum menschlichen Glück gefunden zu haben glaubt, zum anderen auch Empfehlungen erarbeitet, wie das Leben erfolgreich auf Glückskurs gebracht werden kann.

Ökonomie und Glück

Selbst die moderne Ökonomie hat das Thema für sich entdeckt. Damit sind nicht nur die Glücksangebote der Konsum- und Freizeitindustrie gemeint, sondern auch die Glücksversprechen der heutigen Leistungs- und Arbeitsgesellschaft. Beruflicher Erfolg soll zu erheblichem Teil auf einer positiven Einstellung beruhen und nicht nur umgekehrt beruflicher Erfolg zu einem positiven Lebensgefühl führen. Im gegenwärtigen Glücksprojekt zögen dann also alle an einem Strang. Gesundheit, Kreativität, Flexibilität, Leistungsstärke, Durchhaltekraft, Resilienz und harmonische Sozialkontakte beeinflussen nicht bloß das Glück, heißt es, sondern das Gegenteil gelte ebenso: Ein positives Lebensgefühl ermögliche überhaupt erst die genannten Eigenschaften, Stärken und Kompetenzen. Mitarbeiter, die gerne zur Arbeit gehen, sind produktiver, kreativer, loyaler. Sie empfinden lebenslanges Lernen nicht als lebenslängliches Lernen.

Eine besondere Rolle kommt den sogenannten fünf Säulen für persönliches Wohlbefinden, dem sogenannten PERMA-Ansatz von Seligman, zu.[3] Die fünf Buchstaben stehen für *Positive Emotions* (›gute Gefühle‹), *Engagement* (›begeisterte Hingabe‹), *Relationship* (›soziale Verbundenheit‹), *Meaning* (›sinnvolle Betätigung‹) und *Accomplishment* (›erfolgreiches Handeln‹).

Die fünf Leitbegriffe wurden mittlerweile in zahlreiche Konzepte zur Mitarbeiterführung als sogenanntes Positive Leadership aufgenommen:

1. So sollen sich auch und vor allem Führungskräfte für das Wohlbefinden ihrer Mitarbeiter einsetzen.

2. Außerdem sollen sie ihnen Aufgaben entsprechend deren individuellen Stärken zuteilen und

3. die gegenseitige Wertschätzung und Kooperation im Team fördern.

4. Die Mitarbeiter sollen ihre Arbeit als sinnvoll erleben sowie den Sinn und Zweck ihres Tuns erkennen, also verstehen, wozu ihre Arbeit gut ist.

5. Es soll ihnen positives Feedback gegeben werden, wenn die angestrebten Leistungen erbracht wurden.

6. Allgemein sollen ihre Entscheidungsspielräume erweitert, größere Unterstützung angeboten, Fairness vorgelebt und mehr Informationen weitergegeben werden.

Erst auf diese Weise entstehe ein positives Betriebsklima, das entsprechend zum Erfolg eines Unternehmens beitragen würde.

Jedoch sind nach aktuellem Stand der Glücksforschung glücklichere Menschen nicht nur motivierter, kooperativer und produktiver. Darüber hinaus verfügen sie auch über mehr Energie und ein stärkeres Immunsystem, so dass sie weniger krank werden, ja sogar eine höhere Lebenserwartung haben. Glück befähigt die Menschen, gelassener auf Belastungen zu reagieren. Und das ist für Arbeitgeber natürlich hochinteressant.

Unverkennbar gehen an dieser Stelle Psychologie und Ökonomie ein Bündnis ein. Denn ganz offensichtlich verfügt das glückliche Individuum der Positiven Psychologie über genau jene psychischen Merkmale, die in der wettbewerbsorientierten Marktwirtschaft als wünschenswert erscheinen. Positiv eingestellte Menschen sind engagiert und resilient; Rückschläge empfinden sie als Chancen zur Weiterentwicklung. Kurz: Das Glück des Einzelnen wird zu einem effizienten Arbeitswerkzeug.

Freiheit und Glück

Damit das individuelle Glück im heutigen Privat- und Berufsleben einen derart hohen Stellenwert einnehmen kann, muss es möglich sein, über sich selbst zu bestimmen – und dies sogar rechtlich verankert.

Über diese rechtliche Garantie hinaus ist für unsere heutige Gesellschaft ein ausgeprägter Individualismus charakteristisch. Selbstverantwortung, Eigeninitiative und Selbstverwirklichung machen die heutigen Menschen zu Unternehmern ihres Daseins. Als Planungs- und Handlungszentrum seiner Biographie ist jeder Einzelne für die Erhaltung seiner Arbeitskraft, Existenzvorsorge, Gesundheit, Lebensfreude und gesellschaftliche Anerkennung zumindest der Tendenz nach selbst verantwortlich.

Mit anderen Worten: Im übertragenen Sinn ist heute fast jeder ein Existenzgründer. Die Bürger der Leistungs- und Amüsiergesellschaft sollen selbstbestimmt auf der Höhe ihrer Glücksmöglichkeiten leben. Dabei legen ihnen Politik und Wirtschaft einerseits, Konsum- und Freizeitindustrie andererseits nahe, dass sie dazu auch tatsächlich in der Lage sind. Globalisierte Märkte und beschleunigte Innovationen in Technik, Wirtschaft und Alltagsleben nehmen starken Einfluss auf die menschliche Glückssuche. Diese Signatur unserer Zeit, für die individuelle Gestaltungsfreiheit einen unumstrittenen Höchstwert besitzt, setzt eine demokratische Wohlstandskultur voraus, an der man teilhaben muss, um sein persönliches Glück angeblich frei verfolgen zu können.

Trotz allem hängt das Glück des Einzelnen also weiterhin von gesellschaftlichen Rahmenbedingungen ab. Und für diese muss gesorgt werden. Jedoch ist es nicht Aufgabe der Politik, die Menschen glücklich zu machen, sondern, so das gängige Menschenbild, lediglich Voraussetzungen dafür zu schaffen, dass der Einzelne auf seine Art glücklich werden kann. Die Lebensverhältnisse sind so zu gestalten, dass die Menschen selbst entscheiden können, worin sie ihr Glück finden möchten, ohne dabei jedoch das gleiche Recht ihren Mitbürgern willkürlich zu beschneiden oder gar abzusprechen. Entsprechend heißt es schon in der amerikanischen Unabhängigkeitserklärung vom 4. Juli 1776:

> Wir halten diese Wahrheiten für selbstverständlich, dass alle Menschen gleich erschaffen sind, dass sie von ihrem Schöpfer mit gewissen unveräußerlichen Rechten ausgestattet wurden, dass hierzu Leben, Freiheit und das Streben nach Glück gehören.

Staatliches Handeln soll sich dabei in erster Linie darauf beschränken, die notwendigen Bedingungen für ein möglichst ungehindertes Streben nach Glück zu schaffen. Glück darf kein direktes, sondern nur ein indirektes politisches Ziel sein. Jeder möge »nach seiner Façon selig werden«, wie Friedrich der Große (1712–1786) es formuliert. Einen Staat, der sich an dieser Stelle einmischt, bezeichnete schon Immanuel Kant (1724–1804) als despotisch. Und Karl Raimund Popper (1902–1994) und Nobelpreisträger Friedrich August von Hayek (1899–1992), beide Mitgründer der *Mont Pèlerin Society*, des wohl einflussreichsten neoliberalen Thinktanks, sind sich darin einig, der Staat solle lediglich Leid und Ungerechtigkeit durch schrittweise Verminderung einzelner Missstände bekämpfen.[4] Liberale (und

Neoliberale) fordern vom Staat große Zurückhaltung bei der Glücksversorgung, weil eine solche leicht zu Entmündigung, Demütigung und Unterdrückung führen könne. Tatsächlich münden alle Versuche der Politik, die Menschen glücklich zu machen, bis heute eher in Bevormundung, Unterjochung und Terror. Eine Gesellschaftspolitik, die sich für das Glück ihrer Bürger zuständig fühlt, zeigt zumindest die Tendenz dazu, totalitär zu sein.

Eine besondere Herausforderung besteht in der Aufgabe, privates Glücksverlangen mit sozialer Verantwortung, individuelle Glücksansprüche mit gesellschaftlichen Anforderungen in Einklang zu bringen. Wie angedeutet, prägt unsere liberale Kultur ein starker Individualismus. Damit zusammenhängend wird die moderne Gesellschaft in großen Teilen von einem egoistischen Glücksstreben beherrscht. Den Glücksjägern von heute fehlt oft jeder Sinn für das Gemeinwesen. Dadurch gefährden sie nur allzu oft die Grundlagen der freiheitlich-demokratischen Ordnung, die ihnen überhaupt erst die Möglichkeit eröffnet, individuell nach ihrem Glück zu suchen. Schon deshalb sollten sich Bürgerinnen und Bürger zu eigenem Vorteil stärker mit der freiheitlich-demokratischen Grundordnung identifizieren und sich für diese mit Nachdruck engagieren.

Gerade heutzutage verbinden viele mit Glück die Vorstellung, etwas ganz für sich allein oder allerhöchstens noch für seine Nächsten zu erkämpfen und auch zu erhalten. Doch steht mittlerweile fest, dass Menschen, die ihren Mitmenschen mehr Freude, Zeit oder Geld schenken und aktiv Hilfe leisten, ebenfalls glücklich und zufrieden, vielleicht sogar noch glücklicher und zufriedener sein können. Es fühlt sich gut an, sich für seine Mitmenschen und die

Gesellschaft einzusetzen. Gutes tun tut gut! Denn hierbei werden im Hirn dieselben Regionen wie auch bei anderen Belohnungen aktiviert. So heißt ein bekannter Sinnspruch, der fälschlicherweise Johann Wolfgang Goethe (1749–1832) zugesprochen wird: »Willst du glücklich sein im Leben, trage bei zu anderer Glück; denn die Freude, die wir geben, kehrt ins eigne Herz zurück.«

Wäre das die Lösung?

Natur des Glücks

Das Glücksprojekt der Gegenwart erhält Rückendeckung von der modernen Biologie. Jeder Mensch wird anscheinend mit einer DNA des Glücks geboren: Nur durchschnittlich 10% unseres Glücks sollen in unseren Lebensumständen stecken, 50% dagegen in unseren Genen.[5] Jeder von uns ist mit einem angeborenen Ausgangsniveau an Glück und Zufriedenheit, den sogenannten Set-Point of Happiness, ausgestattet.[6] Entsprechend hat jeder Mensch einen sowohl angeborenen als auch anerzogenen Glückswert. Manche Menschen neigen dazu, gut drauf zu sein; andere sind eher verzagt. Wenn sie starke positive oder negative Erfahrungen machen, dann schlägt ihr mittlerer Zeiger zwar nach oben oder nach unten aus, und sie fühlen sich für einige Zeit besser oder schlechter als zuvor. Doch pendeln sich die meisten mittelfristig wieder auf ihr gewohntes Glückslevel ein, wie Untersuchungen mit Lottogewinnern und Trauernden zeigen.

Allerdings können wir auf unseren Set-Point einen gewissen Einfluss nehmen (denn andernfalls wären auch alle

Glücksrezepte sinnlos). Immerhin 40 % unseres Glücks werden, so heißt es, durch eigene Gedanken, Handlungen und Verhaltensweisen bestimmt. Anders ausgedrückt: Durch gezielte Nutzung unserer Neuroplastizität können wir den persönlichen Set-Point of Happiness verändern. Werden ähnlich positive Erfahrungen mehrere Male hintereinander gemacht, so bilden sich in unseren neuronalen Netzwerken neue Bahnen, die unsere Art, zu denken, zu fühlen und wahrzunehmen, verstärken und hierdurch den bisherigen Set-Point verschieben. So hängt selbst der Set-Point des eigenen Glücks in bestimmtem Umfang von uns ab.

Glück und Körper

Neuroplastizität, Set-Point und Gene lassen erahnen, wie körperlich das menschliche Glück ist. So merkwürdig es klingt: Menschliches Glück ist sogar in jeder Beziehung körperlich. Jeder Glückszustand ist ein Körperzustand. Es fühlt sich immer irgendwie an, glücklich zu sein, und wer sich glücklich fühlt (auch in und durch Gedanken), der befindet sich stets in einer bestimmten körperlichen Verfassung. So ist nicht nur unser Körper Quelle vieler unserer Freuden und Leiden, sondern ebenso Quelle unserer Wahrnehmungen, Überlegungen und Begegnungen mit Mensch und Natur. Dem Körper verdanken wir buchstäblich unser gesamtes Leben. Er macht die Mitte unserer Existenz aus. Genauer gesagt ist der Körper gleichermaßen *Grundlage*, *Werkzeug* und *Erlebnisort* des Glücks:

Als *Grundlage* stellt er die Organe und Stoffe zur Verfügung, die Glückszustände ermöglichen.[7] Das Schaltzentrum unseres Glücks ist das neuronale Belohnungssystem im Gehirn, das wie ein Schaltkreis funktioniert, an dem limbisches System, Großhirnrinde und Hippocampus angeschlossen sind. Vorrangig hier werden die Substanzen produziert, die uns uns gut fühlen lassen: die Botenstoffe. Sie sind die wichtigsten Mitspieler im Glückssystem.

Die Botenstoffe werden unterteilt in Neurotransmitter und Hormone, von deren Ausschüttung unsere Glücksgefühle im Wesentlichen abhängen. Wohlbehagen entsteht also dann, wenn die Chemie stimmt. Ein Cocktail aus verschiedenen Hormonen und Neurotransmittern steuert unser Wohlbehagen. Hierzu gehören zum einen die Neurotransmitter Dopamin, Noradrenalin, Serotonin, das zu einem erheblichen Teil im Darm produziert wird, zum anderen aber auch die Hormone Phenethylamin, Oxytocin und alle Endorphine, um nur die wichtigsten zu nennen.

In ganz einfachem Sinne ist der Körper auch *Werkzeug* unseres Glücks. Und durch seinen geschickten und klugen Gebrauch lassen sich in der Werkstatt der positiven Emotionen schöne Gemütszustände hervorbringen – etwa durch handwerkliche, künstlerische, sportliche, kulinarische oder geistige Tätigkeiten.

Schließlich ist der Körper der *Ort*, an dem wir das ebenso geschenkte wie eigentätig erarbeitete Glück dankbar genießen dürfen. Dem Körper lassen sich die tiefsten Gefühle und höchsten Gedanken entlocken. Er ermöglicht uns die schönsten Wahrnehmungen der Natur, kulturelle Erlebnisse und Begegnungen mit Menschen wie auch mit uns selbst. Gleichzeitig wirken alle Glückserlebnisse wieder auf unseren Körper zurück.

Ebenfalls ist der Körper jedoch ein bedürftiger und bedrängter Organismus. Er ist im buchstäblichen Sinne der Leidtragende unseres Lebens, also nicht nur der Ursprungsort von Genuss, sondern auch der Ursprungsort von Verdruss. Ihn wertzuschätzen bedeutet deshalb, die Voraussetzungen unseres zerbrechlichen Glücks zu würdigen; ihn genauer zu kennen, besser zu wissen, was uns guttut; ihn durch gesunde Lebensweise und mehr Bewegung zu pflegen, sich ein schöneres Lebensgefühl zu verschaffen.

Ganz elementar beeinträchtigt schon ein Leben in Hunger und Durst, ohne ausreichend Schlaf, erst recht unter Schmerzen und Entbehrungen, aber auch etwa bei einer Erkältung das subjektive Wohlbefinden. Es gibt somatische Marker für Glücks- und Unglücksgefühle. Um die Glückschancen des Lebens besser nutzen zu können, sollte man dem Körper also die erforderliche Aufmerksamkeit schenken. Denn unser Körper bietet gleichsam einen Maßstab, an dem das Glück Maß nimmt: Unser Wohlbefinden hängt wesentlich vom Wohlergehen des Körpers ab, der ja immer auch einen Spiegel unserer Lebensführung darstellt.

Glück und Stress

Eine herausragende Bedeutung für das Glück kommt den Stresshormonen Cortisol und Adrenalin zu, die beide überlebenswichtige Aufgaben übernehmen, auch wenn die meisten von uns lieber auf Stressgefühle verzichten würden.

Doch spielen diese eine außerordentlich wichtige Rolle, können uns leistungsfähiger machen und den Organismus vor Überlastungen schützen. Ursprünglich ist das Stresssystem zur Sicherung unseres Überlebens entstanden. Gemäßigter Stress ist weder gesundheitsschädlich noch dem Wohlbefinden abträglich. Erst erhöhter Dauerstress gefährdet die Gesundheit und beeinträchtigt die Lebensfreude. Das Risiko für Bluthochdruck, Herzinfarkt und Schlaganfall steigt; Nervosität, Schlaf, Angststörungen nehmen zu. Gerade ein hektisches und beschleunigtes Leben bringt hohe Wellen von Stresshormonen im Körper ins Rollen, die eher krank machen als zu einem erfüllten Leben führen. Es ist eine Binsenweisheit: Die heutige Lebensführung setzt zahlreiche Menschen unter Druck.

Darum ist es wichtig, sensibel für die Ansprüche des eigenen Körpers zu bleiben, indem wir ihn und damit uns gesund ernähren, ihm genug Schlaf gönnen, uns hinreichend bewegen, Stress und Hektik reduzieren, kurz: auf die Signale achten, die der Körper aussendet, um uns dann angemessen um ihn zu kümmern. Auf diese Weise kann uns der Körper den Weg zu einem glücklicheren Leben weisen, wird gleichsam zu einem Kompass des Glücks, der uns gut durch das Leben zu navigieren vermag – dies allerdings ohne Gewähr, denn etwas zustoßen kann einem jederzeit.

Kultur des Glücks

Der Glücksbegriff weist viele Facetten auf. Im Deutschen bezeichnet schon das Wort zweierlei, für das es in anderen Sprachen unterschiedliche Begriffe gibt: Zum einen bedeutet es *günstige Lebensumstände*, also unverfügbares Gelingen (fortuna, luck), zum anderen *erfüllte Lebenszustände* (beatitudo, happiness). Dem entspricht die Unterscheidung zwischen *Glückhaben* und *Glücklichsein*.

Glückhaben: Entsprechend einem alten Mythos schüttet Fortuna ihr Füllhorn gleichsam wahllos über die Menschen aus. Mal wendet sich die Göttin des Glücks den Menschen liebevoll zu, mal grausam von ihnen ab. In der Kulturgeschichte wurde das Glück als Schicksalsmacht häufig in Gestalt einer Herrscherfigur auf einem Globus dargestellt – ein Bild, aus dem sich im Mittelalter das Schicksalsrad als Symbol für das Auf und Ab des menschlichen Lebens entwickelte. Sein unaufhörliches Drehen veranschaulicht den launischen Wechsel der Zeiten. Noch heute gilt das alte Lebensrad als Vorbild für die Glücksräder der Lotterie. Bevorzugt zum Jahreswechsel versuchen sich die Menschen mit Glückssymbolen wie vierblättrigen Kleeblättern, Hufeisen, Schornsteinfegern und Glücksschweinchen ein günstiges Horoskop für die Zukunft zu erarbeiten. Alles in allem ist aber von der personifizierten Glücksgöttin inzwischen nur noch die Gunst bzw. Missgunst der Umstände geblieben. Die Macht des Zufalls kennt weder Bosheit noch Begünstigung. Mal hat man Pech, mal hat man Glück. Das ist alles.

Glücklichsein: Hier ist zu unterscheiden zwischen objektivem und subjektivem Glück: Beim *objektiven Glück* ergibt sich das wahre Glück, wenn das Leben auf höhere Güter wie Tugend, Moral und Gott ausgerichtet ist. Hier wird das Glück nicht mehr vom Einzelnen her als subjektives Wohlbefinden und Wohlergehen verstanden, sondern vielmehr auf übergeordnete Zwecke wie Gotteserkenntnis, Wahrheit und Tugend bezogen. Diese werden zum Maßstab des Glücks. Entsprechend hängt das Glück weniger von der inneren Verfassung des Einzelnen und dessen äußeren Lebensumständen als vielmehr von außermenschlichen Bezugsgrößen ab, an denen man sein Leben orientieren möge. Nach diesen Orientierungswerten zu leben, bedeutet dann, sein ›wahres Glück‹ zu verfolgen. Wer hierzu nicht in der Lage ist, gilt als verblendet oder verstockt und bedarf gleichermaßen einer Unterweisung und Zurechtweisung durch Moralapostel, Sittenwächter, Religionsvertreter. Hier wird deutlich, wie leicht es zu Glücksterror kommen kann, wenn höhere religiöse oder politische Instanzen für sich beanspruchen, die Menschen auf nur eine Weise glücklich machen zu wollen.

Mittlerweile wirken solche Vorstellungen für viele ziemlich überholt. Moderner Historismus und Liberalismus haben dazu beigetragen, dass wir uns von derartigen Anschauungen weitgehend gelöst haben. Das *subjektive Glücksverständnis* hat die *objektive Glücksanschauung* größtenteils verdrängt. Das Glück wird heute größtenteils von Neigungen, Wünschen und Interessen jedes Einzelnen her gedacht.

In diesem Zusammenhang ist zu unterscheiden zwischen dem intensiven Glück kurzer Augenblicke (Schokolade, Sahnetorte, Sex) und dem beständigeren Glück eines zufriedenen Lebens (Partnerschaft, Familie, Beruf) – also der Unterschied zwischen *Glück erleben* und *glücklichem Leben*. Letzteres bezeichnet einen länger anhaltenden Zustand existenzieller Zufriedenheit und Heiterkeit, die zwar nicht das stärkste, aber das solideste Glück sind. Dieses versetzt zwar nicht unaufhörlich in Hochstimmung, vermag es aber, den beschwerlichen Alltag gut zu überformen. Dem Leben wird ein angenehmes Existenzgefühl vermittelt, in dem das Dasein insgesamt seine Zustimmung findet, weil es weitgehend in Ordnung zu sein scheint. Das so verstandene Glück bildet eine unauffällige Konstante alltäglichen Gelingens. Dabei ist ein derart glückliches Leben zwar nicht so intensiv wie das episodische Glück der starken Momente, aber dafür ist es nicht so flüchtig.

Mit dieser Differenzierung geht schließlich die Unterscheidung zwischen *innerem Wohlbefinden*, also einer positiven Grundstimmung, und *äußerem Wohlergehen*, etwa Gesundheit, einem guten Einkommen, einer schönen Wohnung, einher. Allerdings folgt das eine nicht notwendigerweise aus dem anderen. Denn ein positives Erleben stellt sich nicht automatisch ein, wenn die äußeren Bedingungen eines glücklichen Lebens erfüllt sind: Man hat beruflichen Erfolg und ein intaktes Familienleben; es fehlt scheinbar an nichts. Dennoch wird das Leben oft als anstrengend, öde, belastend empfunden. Dagegen bleiben andere trotz schwerer Daseinshärten und Schicksalsschlägen gut gelaunt.

Was ist Glück also überhaupt?

Eine Glücksformel

Hier ist es das neue Eigenheim. Da ein Kanister Trinkwasser. Dort die Geburt eines Kindes. In den verschiedenen sozialen Milieus werden unterschiedliche Antworten auf die Frage nach dem Glück gegeben. Darüber hinaus bekommt man heute andere Antworten als früher oder morgen zu hören. »Allein es ist ein Unglück, dass der Begriff der Glückseligkeit ein so unbestimmter Begriff ist«, klagte schon Kant und fügt hinzu, dass der Einzelne selbst gar nicht fähig sei, »mit völliger Gewißheit zu bestimmen, was ihn wahrhaftig glücklich machen werde«.[8] Ist das Glück die Entfaltung der eigenen mentalen und emotionalen Stärken, intensiver Genuss oder schwebende Leichtigkeit?

Oft wird das Glück mit Beispielen umschrieben: »Gott, was ist Glück! Eine Grießsuppe, eine Schlafstelle und keine körperlichen Schmerzen – das ist schon viel«, so Theodor Fontane (1819–1898).[9] Krasser Gottfried Benn (1886–1956): »Dumm sein und Arbeit haben, das ist das Glück.«[10]

Die meisten Philosophen der Kulturgeschichte vertreten eine Gottfried Benn entgegengesetzte Auffassung: Erkenntnis und Muße bedeuten für sie reines Glück:

So bezeichnet Platon (428/27–348/47 v. Chr.) »Weisheit und Einsicht als das wahre Glück«.[11] Sein Schüler Aristoteles (384–322 v. Chr.) preist die geistige Schau des gestirnten Kosmos als höchstes Glück. Der Neuplatoniker Plotin (gest. nach 270 n. Chr.) wiederum betont, dass nur ein vernunftgelenktes Leben glückselig macht, sofern es sich dem Göttlichen zuwendet.[12] Ähnliches findet sich beim Kirchenvater Aurelius Augustinus.[13]

Ein moderner Abglanz dieser langen Glückstradition des Abendlandes, die in Gegensatz zu Benns Ausspruch steht, findet sich in Ludwig Wittgensteins (1889–1951) Bekenntnis: »Wie kann der Mensch überhaupt glücklich sein, da er doch die Not dieser Welt nicht abwehren kann? Eben durch das Leben der Erkenntnis […], welches glücklich ist der Not der Welt zum Trotz.«[14] Am Ende gelangt auch Benn zu dieser Einsicht. Von den Freuden farbenfroher Natureindrücke und lustiger Menschenbegegnungen ausgeschlossen, findet ein Einzelgänger sein Glück in stiller

Nachdenklichkeit: »Wo alles sich durch Glück beweist / [...] dienst du dem Gegenglück, dem Geist.«[15]

Außer mit Hilfe konkreter Beispiele wird das Glück gerne anhand allgemeiner Weisheiten erläutert, wie etwa: »Glück ist das Einzige, das sich verdoppelt, wenn man es teilt«, oder: »Glück ist das Einzige, was wir anderen geben können, ohne es selbst zu haben.«

In diesem Zusammenhang macht Odo Marquard (1928–2015) auf einen wichtigen Punkt aufmerksam:[16] Eigentlich ist jede direkte Sinn- oder Glückssuche zum Scheitern verurteilt. Denn Glück gibt es ebenso wenig unmittelbar wie Gemüse. Man kann Gemüse als solches nicht direkt kaufen, sondern immer nur konkrete Stücke bestimmter Gemüsesorten wie Broccoli, Spinat oder Blumenkohl. Ganz ähnlich verhält es sich mit dem Glück: Dieses ist wie »Gemüse« ein Ober- oder Sammelbegriff für etwas, das als solches nicht direkt existiert. Es gibt Glück nur in Form etwa einer harmonischen Partnerschaft, gelebter Freundschaften, übergreifender Aufgaben, ansprechender Musik, aufregender Sexabenteuer und Ähnlichem. Wir haben viele Lebensanliegen und Lebensprojekte, die uns die Mühen und Anstrengungen unseres Daseins als lohnend erscheinen lassen – und sie begründen unser Lebensglück.

Doch selbst wenn es das Glück nicht als Glück, sondern nur über den Umweg konkreter Phänomene gibt, ist es auch abstrakt beschreibbar. Einen frühen Versuch in diese Richtung unternahm schon vor mehr als zwei Jahrtausenden Aristoteles, dem entsprechend alles menschliche Handeln auf bestimmte Ziele ausgerichtet ist, von denen sich die Menschen das Glück erhoffen. Hierbei muss unterschieden werden zwischen Tätigkeiten, die bestimmter

Ziele wegen ausgeübt werden, die außerhalb dieser Tätigkeiten liegen, und solchen, die um ihrer selbst willen ausgeführt werden.[17] Zu Ersteren gehören etwa der Bau eines Hauses, das Backen eines Kuchens oder die Installation eines Programms. Nicht der Verbau von Steinen, das Verrühren von Mehl oder Vernetzen systemischer Elemente ist das Ziel, von dem man sich eine gewisse Erfüllung erhofft, sondern die erfolgreiche Fertigstellung von Haus, Kuchen und der Installation eines Programms. In diesem Sinne vollkommenere Tätigkeiten sind solche, die allein um ihrer selbst willen ausgeübt werden. Aristoteles unterscheidet drei Arten voneinander:[18]

1. Das genießende Leben, bei dem das Glückseligkeit gewährende Gut die Lust ist. So liegt beispielsweise für einen Wein- oder Bierliebhaber das beglückende Ziel nicht primär im Durstlöschen als Endergebnis, sondern vielmehr im Trinken selbst.

2. Höherwertig als sinnliches Genießen ist nach Aristoteles das sittlich-politische Handeln. Ein von ethischer Einsicht geleitetes Leben, das gleichfalls um seiner selbst willen ausgeübt werde, mache glücklicher als körperliche Lust.

3. Das größte Glück jedoch erwartet der griechische Philosoph vom betrachtend-erkennenden Leben. Vernunftgeleitete Tätigkeiten, die um ihrer selbst willen durchgeführt werden, stehen seiner Auffassung nach in Bezug auf Rang und Glückswert höher als sinnliche Freuden.

Dem widersprechen seit jeher die Hedonisten (von griech. hedone = Lust). Nach Epikur, einem negativen Hedonisten, liegt das höchste Glück darin, körperlichen Schmerz und seelische Unruhe sowie Hunger, Durst, Angst und Begehren zu vermeiden, also in asketischer

Selbstgenügsamkeit zu verharren. Dagegen besteht nach positiven Hedonisten wie Aristippos von Kyrene das Glück in der Maximierung von sinnlicher Lust.

Bis heute lebt die antike Idee fort, nach der das Glück am stärksten durch Tätigkeiten erfahren wird, die unabhängig davon, ob geistig oder sinnlich ausgerichtet, ihren Zweck in sich selbst haben. Entsprechend unterscheidet der erwähnte Begründer der Positiven Psychologie Maslow zwischen Tätigkeiten, die zur Lebenserhaltung und Ordnungssicherung dienen, und positiven Erfahrungen in Beruf, Freizeit, Freundeskreis, die um ihrer selbst willen erstrebt werden.

Die am meisten verbreiteten Ausdrücke für derart beglückende Gefühlszustände sind gegenwärtig *Flourish* (›Aufblühen‹) und *Flow* (›Fließen‹). Darunter versteht der amerikanische Glücksforscher Csikszentmihalyi einen Gemütszustand, der mit einer Tätigkeit verbunden ist, die gleichermaßen fordert und herausfordert, ohne zu überfordern. So verstanden schwimmt derjenige auf einer Woge des Glücks, der sich in Freizeit und Beruf mit Hingabe einer Aufgabe widmet, die – außer reizvoll und lösbar zu sein – einen die Zeit vergessen und von sich selbst absehen lässt. Die Entstehung des Flow setzt ein stimmiges Verhältnis zwischen Interesse, eigener Kompetenz und der Aufgabe selbst voraus. Zu solchen Aktivitäten gehören beispielsweise das Musizieren wie das Philosophieren, aber auch Gartenarbeit, Sport oder Kochen. Im Flow kommt das Glück gewissermaßen aus Handlungen, die um ihrer selbst willen ausgeführt werden und in denen wir umso stärker aufblühen, je mehr sie unseren Stärken entsprechen, wie Seligman immer wieder betont.

Tatsächlich liefern die Begriffe *Flow* und *Flourish* aber auch keine Glücksdefinitionen, sondern nur Beschreibungen spezieller Glückszustände. Eine ausgesprochen schöne Definition von Glück bieten die beiden ersten Wörter einer Bach-Kantate: *Vergnügte Ruh'*. Hier werden zwei Wörter zusammengebracht, die sonst eher voneinander getrennt verwendet werden, verbinden wir doch mit Ruhe eher besinnlichen Ernst und mit Vergnügen eher rastlose Unruhe. Im höchsten Glück aber verschmelzen lebendige Freude mit innerem Frieden.

Aus dem Gesagten lässt sich eine Glücksformel herausdestillieren, die gleichermaßen auf intensive Augenblicke wie ein zufriedenes Leben, auf Wohlbefinden wie Wohlergehen zutrifft: Erfüllte Leichtigkeit, oder pointiert: Sorglosigkeit ohne Langeweile! Ein solches Lebensgefühl stellt sich nur zeitweilig ein. Denn das Ideal einer nach Grad, Dauer und Vielfalt vollständigen Erfüllung aller Wünsche, Interessen und Phantasien ist zwar denkbar, alles in allem aber nur selten, wenn überhaupt erreichbar. Das Glück im angedeuteten Sinne markiert eher einen unwahrscheinlichen Grenzwert als alltäglichen Normalzustand. Die menschliche Begabung, Glück zu erzeugen, ist begrenzt. »Einem allein kann es nicht gelingen, / die ganze Glückseligkeit an sich zu reißen«, vermerkte schon Pindar im 6. Jhd. v. Chr.[19]

Baustellen des Glücks

Verschleierte Hintergründe

Konsumorientierter Glücksmarkt, schulischer Glücksunterricht, esoterische Glücksberater, interaktive Glücksausstellungen, neurologische, biologische, psychologische und ökonomische Glücksforschung: Welcher Menschentyp steht Modell für das moderne Glücksprojekt?

Genauer betrachtet wird hier hauptsächlich Maß an einer einzigen Gesellschaftsschicht genommen. Das Glücksprojekt ist Teil des modernen Individualismus, dessen Dreh- und Angelpunkt Selbstverwirklichung ist. Und eine von positiven Gefühlen durchdrungene Selbstentfaltung in Beruf und Freizeit ist die Leitmaxime der sogenannten neuen Mittelschicht. Sie ist die soziale Gruppe, die das moderne Glücksprojekt trägt. Plakativ illustriert: In Wellnesshotels mit vier und mehr Sternen begrüßen Weisheiten der Positiven Psychologie wie »Erst Dankbarkeit macht das Leben reich« die Gäste morgens zum Frühstück. In Jobcentern, die Stellen im Niedriglohnsektor vermitteln, wird man solche Sprüche vergebens suchen.

Für die alte Mittelschicht sind vorrangig Ordnungsbewusstsein, Fleiß und Zuverlässigkeit charakteristisch. Man ist froh, so zu sein wie die anderen, und möchte erreichen, was sie erreicht haben: ein gesichertes Einkommen, eine große Familie, ein Eigenheim – einen durchschnittlichen Lebensstandard. Man führt ein konfektioniertes Leben von der Stange und ist stolz darauf. Dabei genießt man die Entlastungen der wissenschaftlich-technischen Zivilisation und befürwortet Mitte und Maß, das bürgerliche Mittelmaß, das Wohlstand und Sicherheit bietet. Diese repräsentieren das Glück, traditionelle Kleinunternehmer, Angestellte, Facharbeiter.

Ähnlich verschieden sind die Repräsentanten der neuen Mittelschicht: IT-Spezialisten, Manager, Start-up-Unternehmer, aber auch sozial-ökologische Intellektuelle, Akademiker und Künstler jeder Couleur. Diese sind meist hochqualifiziert und streben nach besonderer Lebensqualität. Man geht auf Distanz zum Standardisierten, Gleichförmigen, Allgemeinen. Dem Einzigartigen, Singulären wird höchste Bedeutung beigemessen. Alles soll außergewöhnlich sein: Beruf, Partner, Wohnung, Reiseziel. Nur im Einzigartigen liegt das Glück. Individualität statt Uniformität! Hier bedeutet Selbstverwirklichung nicht bloß, möglichst viel Interessantes zu erleben, sondern sich auch eine originelle Biographie zusammenzubasteln. Beides geschieht über einen Lebensstil, der bereits einfachen Gebrauchsdingen und alltäglichen Geschehnissen symbolischen Wert beilegt: dem Laufschuh, dem Smartphone, dem E-Bike, dem Auto, dem Wohndesign ebenso wie der körperlichen Betätigung, etwa dem Radfahren, Schwimmen, Joggen.

Nicht einmal vor dem Ethischen macht das Ästhetisieren Halt: Für das schöne Lebensgefühl müssen es die Würste lokaler Biobauern, Eier aus artgerechter Haltung, Fair-Trade-Produkte oder vegane Restaurants sein. Nichts ist nur Mittel zum Zweck, sondern immer Selbstzweck. Alles hat einen Symbolwert, der Wesentliches zum Lebensglück beiträgt.

Der globalisierte Konsummarkt bietet ein riesiges Reservoir an solchen Erlebnisoptionen. Dabei verschwimmen die Grenzen zwischen hochwertigen und einfachen Angeboten. Meditationskurse im Kloster, Chi-Gong Kurse in der Toskana oder Opernabende in Mailand zählen genauso dazu wie gemeinsames Kochen oder Grillabende daheim. Es kommt weniger auf das ›was‹ als vielmehr auf das ›wie‹ an: ob es gelingt, die Dinge und Ereignisse so zu zelebrieren, dass sie zu etwas Besonderem werden. Erst dann fühlt man sich authentisch, erfüllt, glücklich.

Natürlich verlangt solch ein Glück nach sichtbarer Mitteilung: Man möchte nicht nur glücklich sein, sondern so auch vor möglichst vielen anderen erscheinen. Viele arbeiten an ihrem Online-Profil, indem sie ständig neue Bilder und Texte ins Netz stellen, um auf ihr attraktives Leben aufmerksam zu machen und nach Möglichkeit um dieses beneidet zu werden. Soziale Medien bieten entsprechende Plattformen. Sie geben dem privaten und beruflichen Glück eine Bühne für ihre schönen Urlaubsbilder, neuen Designermöbel, sichtbareren Karriereerfolge.

Die auf Selbstverwirklichung und Selbstdarstellung ausgerichtete neue Mittelschicht ist meist gebildet, hochqualifiziert, ökonomisch gut aufgestellt. Ihre Mitglieder wissen ihr emotionales und mentales Potential zu nutzen. Dabei erweisen sich Bildung, Kompetenz, Kaufkraft, Kenntnis von Netzwerken oder gute Gesundheit einerseits als wichtige Bedingungen, um die Entfaltung der eigenen Interessen in Beruf und Freizeit realisieren zu können. Andererseits ermöglichen oft erst die genannten Eigenschaften und Fähigkeiten den Einstieg in die neue Mittelschicht. Wer es ›geschafft‹ hat, darf sich sozialer Anerkennung sicher sein. Sozialprestige erlöst das Glück von seiner Unauffälligkeit. Hochqualifizierte Berufe, gutes Einkommen, körperliche Fitness und ein gehobener Lebensstil stehen für gesellschaftliche Attraktivität – ein Ideal der neuen Mittelschicht, das seinerseits für Glück steht.

Jeder ist seines Glückes Schmied?

Positive Psychologie und die damit verbundenen Glückskonzepte lassen den eigentlichen gesellschaftlichen Hintergrund dieser Glückserzählungen und Narrative weitgehend verdeckt. Der soziale Kontext des Individuums, dessen ökonomische, politische und kulturelle Prägung bleiben größtenteils außer Acht. Allerdings gibt es Risse in der Kultur der posiviten Gefühle, deren Spalten unübersehbare Grenzen des Glücks zum Vorschein bringen. Diese werden durch das moderne Glücksprojekt ihrerseits zumindest tendenziell übertüncht.

Mit dem verkappten Leitbild eines gebildeten, hochqualifizierten, gutgelaunten Besserverdieners als Hintergrund wiegt die heutige Glückskultur uns in der Vermessenheit, Schöpfer eigenen Glücks sein zu können – nach dem Motto: Der Schlüssel zum Glück liegt in deiner Hand, du musst nur lernen, ihn umzudrehen! »Jeder ist seines Glückes Schmied«, so ein Sprichwort, als ließe sich das Leben wie ein glühendes Eisen ziemlich beliebig formen. Stimmt das?

Aristoteles unterscheidet zwischen Herstellen (poiesis) und Handeln (praxis).[1] Handwerker stellen Gegenstände her: der Schreiner einen Stuhl, der Schlosser einen Eisenzaun. Das neue Glücksprojekt wird zumindest tendenziell von der Illusion geleitet, der menschliche Lebenslauf ließe sich wie ein Kunstwerk oder Artefakt anfertigen. Die Idee der »poiesis« wird auf das Leben angewendet, obgleich der Begriff der »praxis« der menschlichen Lebensführung angemessener wäre. Ein ›praktisches‹ Leben besteht aus einem Gemisch aus selbstbestimmten Handlungen und Widerfahrnissen, über die man nicht verfügen kann, sondern die einem zustoßen. Sein Dasein ›praktisch‹ zu führen, heißt nicht nur, seine Lebenspläne zu verwirklichen, sondern ebenso mit sowohl erfreulichen als auch unliebsamen Vorkommnissen zurechtzukommen, die man nicht in der Hand hat.

Unser Dasein fußt nur teilweise auf eigenen Leistungen oder persönlichem Versagen. Zu einem erheblichen Teil entzieht sich unser Dasein unserer Kontrolle. Es verdankt sich der Lotterie geschichtlicher und sozialer Herkunft, der geographischen Heimat und genetischen Dispositionen. Schon der Eintritt ins Leben gleicht einem Würfelspiel. Viele gehören der neuen Mittelschicht an, wenige der Oberschicht, einige der alten Mittelschicht und zahlreiche Menschen der Klasse niedrigqualifizierter, bildungsferner Geringverdiener.

Da man das eigene Wohlbefinden und Wohlergehen auch glücklichen Umständen wie einer privilegierten Startposition ins Leben verdankt, ist es keineswegs selbstverständlich, dass das eigene Leben gelingt. Es ist ein Geschenk, das nicht jedermann versprochen ist. Und genau aus diesem Grunde sollte man auch dankbar dafür sein, wenn einem Glück beschieden ist. Niemand hat ein gutes Leben tatsächlich verdient, da es niemals nur auf eigenem Verdienst beruht. Im Gegenteil: Wer die unverfügbaren Zufälle aus seinem Dasein herausrechnet und die freundlichen Widerfahrnisse von seinen eigenen Leistungen abzieht, muss große Abstriche an seinen Leistungen machen. Man hat allzu oft einfach nur Glück gehabt.

Entsprechend bedeutet ein gutes praktisches Leben zu führen, auf unvorhersehbare Entwicklungen im Leben angemessen reagieren zu können. Man ist darauf eingestellt, dass man mit diesen Widerfahrnissen zurechtkommt.

Geht man jedoch davon aus, dass man sein Leben selbst bestimmt, seines Glückes Schmied ist, wird zweierlei verkannt: Schnell schlägt man mit dem Hammer am Amboss vorbei und verfehlt das erstrebte Glück; und außerdem fehlen, um im Bild zu bleiben, vielen Menschen Hammer und Amboss. Sie verfügen nicht über die Möglichkeit, das von der Positiven Psychologie propagierte Glück erreichen zu können, von einer realen Umsetzung ganz zu schweigen. Auf die erste Glücksbegrenzung reagiert das moderne Glücksprojekt mit der Empfehlung, jeden Fehlschlag als neue Chance zu begreifen; auf die zweite mit dem Vorwurf, sein Leben nicht richtig angepackt oder seine Ziele zu früh aufgegeben zu haben. Beide Ansätze werden der Realität nicht gerecht. Sie lassen den Menschen mit seinen bedrängenden Problemen allein.

Fuckup Nights

Jede noch so schwierige Lebenssituation lässt sich angeblich nutzen, persönlich zu wachsen. Auch Forscher bringen in der Wissenschaft erst Fehlversuche der Wahrheit näher. Viele wissenschaftliche Entdeckungen kommen durch Experiment und Irrtum zustande. Wie in der Wissenschaft führt im Alltagsleben auch häufig erst eine Niederlage zum

Erfolg. Eine Niederlage soll als Möglichkeit zu Kurskorrekturen gutgeheißen werden. Außerdem kann gelegentliches Scheitern für den persönlichen Reifungs- und Entwicklungsprozess bedeutsam sein.

Trotzdem bleiben Fehlschläge im Berufs- und Privatleben schmerzhaft, zumal wenn sie vor den Augen anderer stattfinden. Darum wurde in den letzten Jahren versucht, eine neue Kultur öffentlichen Scheiterns zu etablieren. Es geht um sogenannte Fuckup Nights (Fuckup: Missgeschick, Fehler). Auf den ersten Blick wirken solche Veranstaltungen so, als ob sich verkrachte Existenzen selbst an den Pranger stellen, damit sich die anderen Besucher mit hämischer Schadenfreude an ihren Misserfolgen weiden können, als entkleideten sich Exhibitionisten vor Voyeuristen. Das stimmt jedoch nicht.

Ein wichtiges Ziel von Fuckup Nights besteht darin, den Menschen ihre Angst vor selbst verantwortetem Unglück zu nehmen. Die Idee geht auf unternehmerische Versager zurück, die bei einem gegenseitigen Meinungsaustausch bemerkten, wie gut ihnen das Gespräch über ihre Misserfolge tat. Heute gibt es Fuckup Nights weltweit. Solche öffentlichen Präsentationen sollen dazu ermuntern, Ängste vor persönlichem Misslingen zu verringern, und sie sollen dazu ermutigen, durchzuhalten, selbst wenn es manchmal nur im Schneckentempo vorangeht. Ist man nur ausdauernd genug, wird einem höchstwahrscheinlich in der Zukunft doch wieder etwas begegnen, an dem man sich aufrichten kann.

Fuckup Nights scheinen im Widerspruch zu den performativen Selbstdarstellungen all jener zu stehen, die ihre beruflichen und privaten Erfolge auf dem digitalen Attraktivitätsmarkt anpreisen. Doch näher betrachtet entpuppen sich Fuckup Nights ebenso als Teil des modernen Glücksprojekts. In letzter Konsequenz lautet die Botschaft: Selbst wenn man zeitweilig scheitert, behält man sein Glück weiter in der Hand. Man darf nur nicht aufgeben. So halten auch Fuckup Nights an der Verantwortlichkeit des Einzelnen für sein Glück fest. Allerdings folgt daraus fast zwangsläufig: Wer dauerhaft unglücklich ist, hat sich offenbar nicht entschieden genug darum bemüht, glücklich zu werden. Letzten Endes wird auch hier aus Unglück eine verkappte Glücksverweigerung.

Es liegt in der Konsequenz solcher Überlegungen: Unglückliche Menschen sind an ihrem Missgeschick selbst schuld. Sie verharren wegen ihrer Trägheit in ihrer misslichen Lage, die sie unverantwortlicherweise nicht zu persönlichem Wachstum nutzen. Dabei ließe sich doch fast jede Krise allein schon durch positives Denken entschärfen. Man muss nur daran glauben.

Nun sei keineswegs bestritten, dass Optimismus einen starken Motivationsschub auslösen kann und ungeahnte Antriebskräfte freizusetzen vermag. Gleichwohl bleibt die Vorstellung blauäugig, jede Daseinslast ließe sich durch positives Denken ausmerzen oder in jeder Lebenslage positives Denken entwickeln. Eine solche Auffassung ist nicht nur naiv und falsch, sie setzt dazu noch den Unglücklichen massiv unter Druck, indem sie ihm nahelegt, sein Schicksal hänge hauptsächlich von ihm selbst ab. Wer aufgibt, hat nur nicht richtig gewollt und sich nicht genug bemüht! Wenn Glück erlernbar ist, dann wird es zu einem Makel, nicht glücklich zu sein oder sich nicht glücklich zu fühlen.

Hat man einem Unglücklichen aber sein Missgeschick erst einmal zur Last gelegt, so ist es nur noch ein kleiner Schritt bis hin zum hartherzigen Urteil, dass ein solcher es auch gar nicht besser verdient habe. Dies klingt in Anbetracht der Nöte, in denen sich viele Menschen befinden, empathie- und mitleidlos, ja zynisch, weil es Entscheidungs- und Einflussmöglichkeiten dort unterstellt, wo es sie oft so gut wie gar nicht gibt. Um unser Bild von vorhin aufzugreifen: Es stehen nicht überall Hammer und Amboss zur Verfügung. Denn außer der neuen Mittelschicht, an der sich das Glücksprojekt unausgesprochen orientiert, gibt es viele abgehängte Menschen, die es eben nicht geschafft haben. Wie soll eine von Finanzsorgen und Schulden geplagte, alleinerziehende Geringverdienerin, die beengt wohnt, abends erschöpft und abgespannt nach Hause kommt, noch Kraft zum positiven Denken in ihrem aufreibenden Alltag hernehmen? Spätestens an dieser Stelle stößt das Glücksprojekt, das sich am individuellen Wohlbefinden orientiert, auf hartnäckigen Widerstand.

Sanfte Glücksverweigerung

Im Sinne der Positiven Psychologie und Glücksökonomie ist das Glück fast ausschließlich eine Frage individueller Wahl. Dazu passt die Hypothese, dass rund 40 % des Glücks von jedem selbst und nur 10 % von den sozialen Verhältnissen abhängen. Das Glücksprojekt scheint dabei extrem unpolitisch zu sein. Es blendet fast alle Fragen der Geschlechtergerechtigkeit, der Einkommensverteilung, Bildungs- und Berufschancen, Klassen- und Milieuzugehörigkeit aus.

Den sozioökonomischen sowie soziopolitischen Bedingungen eines glücklichen Lebens wird so gut wie keine Beachtung geschenkt und somit gesellschaftlichen Problemen bloß eine untergeordnete Rolle eingeräumt. Stattdessen wird pauschal auf die alte Weisheit zurückgegriffen, dass zu einem glücklichen Leben nicht viel gehört. Nur auf diese Weise ist es möglich, das Glück eher für das Ergebnis disziplinierter Eigeninitiative und Selbstoptimierung zu halten als für ein Produkt wirtschaftlicher, politischer und kultureller Kräfte. Es steht zu vermuten, dass der fehlende Gesellschaftsbezug dafür mitverantwortlich ist, dass nur 10% des Glücks auf die Lebensumstände zurückgeführt werden, dessen Anteil wahrscheinlich deutlich höher liegt. Eine profunde Gesellschaftskritik ist mit der Positiven Psychologie und Glücksökonomie jedenfalls kaum zu vereinbaren. Als wichtige Teile der liberalen Marktwirtschaft stabilisieren sie eher die sozialen Verhältnisse.

Doch mag der Glückswunsch auch als anthropologische Konstante universell sein, geprägt wird er auch von Herkunft, Familie, Freundeskreis, Arbeitswelt, Trends, Moden. Das alles beeinflusst unser Glücksempfinden, das ja wie erwähnt zu einem erheblichen Teil von dem Milieu bestimmt wird, in dem wir leben. So ist für die Glücksvorstellungen und Glückschancen durchaus bedeutsam, ob man der neuen oder alten Mittelschicht, der oberen oder unteren Klasse angehört. Ein *Tagebuch der positiven Gewohnheiten* werden Menschen in prekären Lebensverhältnissen eher selten führen.

Freilich weist (fast) jedes Leben freudvolle Phasen und Glücksmomente auf. Aber nur Virtuosen der Lebensbejahung bleiben am existenziellen Nullpunkt noch in der

Lage, eine positive Einstellung zu behalten. Doch selbst dann, wenn solche Menschen glücklich sind, hätten sie aus ethischer Sicht gesehen etwa wegen ihrer extrem prekären Lebensverhältnisse guten Grund, sich unglücklich zu fühlen. Wenn sie es nicht tun, dann hängt das mit ihrem Naturell, aber auch mit gesellschaftlichen Mechanismen zusammen, durch welche sie so an die Gegebenheiten angepasst werden, dass sie sich häufig nicht mehr als benachteiligt, unterdrückt und ausgebeutet wahrnehmen, obwohl sie dazu alles Recht der Welt hätten. Mit anderen Worten: Es gibt eine sanfte Gewalt, die unsere Bewertungen, Redens- und Verhaltensweisen unmerklich durchdringt und steuert. Zwanglos unterwirft sie sich den menschlichen Denk-, Gefühls- und Bewegungsapparat. Sie bedient sich eines Automatismus von Gewohnheiten und nistet sich so in die Selbstverständlichkeiten des Alltags ein. Auf diese Weise bleibt fast unbemerkt, wie viel Glück einem unter Umständen vorenthalten wird oder wie wenig Glück in dem Glück steckt, das man als solches erlebt oder zu erleben vermeint.

Das Glücksspiel

Damit drängt sich die Frage auf, ob die Politik – allen liberalen oder neoliberalen Bedenken zum Trotz – sich doch stärker um das Glück ihrer Bürger kümmern sollte, um deren Wohlbefinden und Wohlergehen zu steigern. Für Liberale ist der Plan, die Bürger glücklich zu machen, eine gefährliche Unternehmung. Entsprechende Maßnahmen führen schnell zu staatlichem Glücksterror. Es kann leicht Bevormundung, ein erniedrigender Paternalismus entstehen, der zu weit in das freie Glücksstreben der Menschen eingreift.

Von der Herstellbarkeit eines glücklichen Lebens überzeugt, stehen Positive Psychologie und Glücksökonomie mehr auf der Seite eines überwiegend deregulierten Staates mit starken Freiheitsrechten des Einzelnen als auf der Seite eines weitgehend regulierten Sozialstaats. Der Möglichkeit zu autonomer Daseinsgestaltung wird höchste Priorität eingeräumt.

In der liberalen und neoliberalen Marktwirtschaft herrscht Wettbewerb, in dem wie beim sportlichen Wettkampf der Bessere gewinnen möge. Diese Mechanismen funktionieren heute fast in allen Gesellschaftsbereichen. Auch Schulen, Kliniken, Universitäten und Kultureinrichtungen konkurrieren miteinander. Da es wie überall nur eine begrenzte Anzahl von Glücksplätzen gibt, gehen unweigerlich viele als Verlierer vom Platz. Zwischen Gewinnern und einer Mehrheit mit bescheidenen Erfolgen besteht also ein gravierendes Missverhältnis. Das erscheint so lange fair zu sein, wie die Sozialordnung gerecht und die Welt wohlgeordnet ist. Aber das Leben ist kein faires Spiel. Der Soziologe Max Weber (1864–1920) beschreibt die Wirklichkeit als ›wertirrational‹.[2] In vielen Wettbewerben gehe es nicht mal ansatzweise gerecht zu. Gewinner und Verlierer bekommen nicht immer, was sie verdient hätten. Oft stehen Erfolg und Scheitern in keinem gerechtfertigten Verhältnis zu den erbrachten Leistungen oder den begangenen Fehlern. Nicht selten sind sie Ergebnis dunkler Machenschaften, Resultat von Kungeleien, aber auch das Resultat ungünstiger Umstände, dummer Zufälle, grober Fehleinschätzungen. Das wissen wir alle und tun dennoch häufig so, als habe der Gewinner seinen Erfolg völlig verdient, den er sich selbst auch gerne mit Stolz zurechnet. Dagegen wird dem Verlierer nahegelegt, für sein Versagen und seinen geringen Status selbst verantwortlich zu sein, weil er sich nicht genug engagiert, informiert und qualifiziert habe.

Wie unrealistisch und wertlos solche Zuschreibungen sind, wird sofort klar, wenn unverfügbare Widerfahrnisse wie natürliche Begabung und gesellschaftliche Startposition aus den Leistungen und Verfehlungen der Glücksjäger herausgerechnet werden. Man könnte so weit gehen, zu behaupten, dass persönliche Niederlagen und Triumphe mehr oder weniger Missverständnisse sind, die sich wie Schlingpflanzen um einzelne Lebensgeschichten ranken.

Das Gegenteil einer Chance

Das menschliche Talent, Glück zu finden, verdient jede Wertschätzung, nur darf man es nicht überschätzen. Es ist kleiner, als die beschönigende Rhetorik der Glücksindustrie und Glücksforschung uns glauben machen will. Wie häufig bleibt doch das ersehnte Glück aus. Und das ist eigentlich auch gar nicht verwunderlich: Im Kleinen wie im Großen scheitern zu können, gehört zum menschlichen Leben, unabhängig davon, welcher Schicht man zugehört.

Das Wort ›scheitern‹ stammt aus der Schifffahrt und bedeutet so viel wie »in Scheite zerlegen«. Holzschiffe »scheitern« bei einem Schiffbruch, bei dem ihre Außenwände an einer Klippe in »Scheite« brechen bzw. in Trümmer gehen. Das Schiff zerschellt an einem Riff. Eine ähnliche Brüchigkeit kennzeichnet das menschliche Dasein allgemein, in dem hin und wieder, wenn nicht sogar eher oft, einiges schiefläuft und das erstrebte Glück verfehlt wird. Ein Leben ohne Störfälle: Das gibt es nicht. Niemand ist gegen unausweichliches Leid, unwiederbringlichen Verlust oder bitteres Unrecht gefeit. Und wie dargelegt, spielt der Zufall bei Misserfolgen und Niederlagen eine kaum zu überschätzende Rolle. Fehlschläge stellen unsere Daseinsentwürfe immer und immer wieder auf die Probe. Sie lassen uns spüren, ob wir das Leben tragen und ertragen können, wie es ist.

Seit den antiken Lyrikern Archilochos, Alkaios und Pindar, 7./6. Jhd. v. Chr., wird die Möglichkeit des Misslingens mit den vielfachen Begrenzungen unserer Existenz erklärt. Diese Gefährdung ist Teil unserer Grundverfassung. Menschliches Leben ist hochgradig riskant, störanfällig, und es ist niemals sicher, ob es gelingt. Darum ist es fast normal, dass wir immer und immer wieder scheitern. Solche Kränkungen begegnen jedem. Da jeder verletzlich bleibt, ist niemand der Besorgnis um sein Dasein enthoben. Alle Leichtigkeit scheint einer ursprünglichen Beschwerlichkeit abgerungen zu sein. Selbst Menschen in fürstlichem Luxus haben ihre Nöte. Bei wie vielen klaffen Einsatz und Erfolg auseinander? Wie viele Hochqualifizierte haben trotz gleicher oder besserer Qualifikation als andere ein geringeres Einkommen und Ansehen? Aus Sicht der weniger Privilegierten mögen das »happy problems« sein, wie Briten sagen. Doch für die Betroffenen sind es echte Probleme, die ihr Glück mindern.

»Immer versucht. Immer gescheitert. Macht nichts. Versuche es wieder. Scheitere wieder. Scheitere besser«, meint Samuel Beckett (1906–1989).[3] Doch letztlich bleibt alles beim Alten. Es ist unmöglich, in allen Fehlschlägen eine Chance zu neuem Wachstum zu finden; denn auch hier gibt es Grenzen des Wachstums. Scheitern kann ein Endpunkt sein. Möglicherweise leidet man noch nach Jahren an den Folgen einer unüberwindlichen Niederlage: am Nichtbestehen der Prüfung, am Abbruch der Doktorarbeit, an der Insolvenz des Unternehmens. Nicht jeder Nullpunkt ist ein Wendepunkt, die Keimzelle eines Neuanfangs.

Schon ein Bahnhof kann ein Ort versäumten Lebensglücks sein:

> Wenn du zur Arbeit gehst
> am frühen Morgen,
> wenn du am Bahnhof stehst
> mit deinen Sorgen:
> da zeigt die Stadt
> dir asphaltglatt
> im Menschentrichter
> Millionen Gesichter.
> Zwei fremde Augen, ein kurzer Blick,
> die Braue, Pupillen, die Lider –
> Was war das? vielleicht dein Lebensglück …
> vorbei, verweht, nie wieder.

So beschreibt Kurt Tucholsky die unwiederbringlich verpasste Chance zur großen Liebe. Wie leicht verfehlt man doch den richtigen Augenblick. Das kleine Wort ›fast‹ kann einem dabei das Fürchten lehren: Fast wäre es schiefgegangen; fast wäre es gutgegangen! Das hört sich besonders hart an, wenn es darum geht, einmalige Lebenschancen verpasst zu haben. Nie mehr! Nie wieder! Manchmal schließen sich Fenster, ohne dass sich neue öffnen. Nicht allem Ende wohnt ein Anfang inne!

Freilich unternehmen viele Menschen nach Niederlagen auch verstärkt Anstrengungen, das verfehlte Ziel doch noch zu erreichen. In anderen Fällen regen Misserfolge zum Nachdenken an. Sie führen dazu, dass wir die Lage neu bewerten und unsere Ziele ändern. Allerdings gibt es sehr viele Arten des Misslingens, die schlicht und einfach gar nichts lehren und von denen man sich unter Umständen nie wieder erholen wird. Nicht selten werden in diesen Situationen die eigenen Werte vollständig in Frage gestellt, neue Selbstbeschreibungen erzwungen, alternative Lebensentwürfe erprobt. Diese sind erst in zweiter Linie Glückschancen; in erster Linie sind sie überlebenswichtig – unverzichtbare Voraussetzungen, um überhaupt weitermachen zu können. Dazu ist es erforderlich, die persönlichen Werte, von denen man sich bislang leiten ließ, überhaupt zu kennen.

Persönliche Werte sind Richtschnüre, die darüber entscheiden, was man für richtig, gut, wichtig und erstrebenswert hält: Vielleicht ist man seit Jahren eine Managerin, die zwar ein Luxusleben führt, aber ihr Berufsprofil an Leistung, Disziplin und Effizienz ausrichtet? Obwohl permanentem Erfolgsdruck ausgesetzt, genießt sie ihre gehobene Position ohne geregelte Arbeitszeit, mag ihr Job auch mit Stress und Hektik verbunden sein. Doch auf einmal fühlt sie sich in ihrem bisherigen Lebensformat nicht mehr wohl. Ihre persönlichen Wertmaßstäbe für das eigene Glück wandeln sich. Sie gibt ihren Job auf, um eine Ausbildung als Erzieherin zu machen, weil sie künftig lieber Kindern helfen als auf den Finanzmärkten arbeiten will.

Ein anderer hangelt sich jahrelang von einem Job zum anderen und genießt das Glück der Freiheit eines ungebundenen Lebens. Plötzlich trübt sich seine Stimmung ein. Fehlleistungen nehmen zu. Nichts scheint mehr zu klappen. Vielleicht ist das der Moment, wenn er damit beginnt, seinen Lebensentwurf zu überdenken. Mit einem Male werden Sicherheit und Geborgenheit wichtiger als Freiheit und Abenteuer. Auch hier haben sich die privaten Wertmaßstäbe für das eigene Glück gewandelt. Vor deren Hintergrund erscheinen die zuletzt erlittenen kleinen Schiffbrüche nicht mehr als Scheitern, weil mit den bisherigen Werten auch jene Persönlichkeit verschwunden ist, die sich diese Fehlschläge als Fehlschläge vorwerfen könnte.

Doch womöglich ist man hierzu gar nicht in der Lage, weil die persönlichen Dispositionen und existenziellen Strategien und Ressourcen zur Bewältigung solcher Lebenssituationen fehlen: Wie viele Menschen tun sich schon von ihrem Typ her schwer, zuzugeben, dass ihre Partnerschaft oder ihre Geschäfte gescheitert sind? Weder verfügen sie über ein passendes Vokabular, um hierüber mit ihrem Partner oder Freunden zu reden, noch über genug finanzielle Rücklagen, um aus dem Stand ein neues Leben zu beginnen. Zusätzlich hindern womöglich religiöse Sinnerzählungen und eingeübte Konventionen daran, die neue Lebenssituation zu bewältigen.

Scheitern in Würde

Die Positive Psychologie empfiehlt, Scheitern als neue Chance zu verstehen. Manchmal zwingt uns das Leben aber, im Scheitern stehenzubleiben, zu verharren. Mögliche Strategien, damit fertig zu werden, könnten darin bestehen, einfach alles zu verdrängen, als ob die Niederlage nie stattgefunden hätte, alles zu verharmlosen, als ob der Fehlschlag nur ein Fehlversuch gewesen wäre, oder die eigene Situation mit der Situation anderer zu vergleichen, um sich dadurch zu beschwichtigen, dass es anderen noch schlechter geht. Die drei Bewältigungsformen sind menschlich und versuchen, der eigenen Niederlage ein freundlicheres Gesicht zu geben. Doch würde man sie würdevoll nennen?

Denn ein Scheitern in Würde setzt nicht nur die Erkenntnis voraus, dass Bruchlandungen zur existenziellen Grundsituation des Menschen gehören. Scheitern in Würde erfordert überdies die Bereitschaft dazu, sich in der Unmöglichkeit einzurichten. Jeder ist ein fehlbarer Mensch, mit Mängeln und Unzulänglichkeiten behaftet. Bewertet man sein Tun so, wird es eher möglich, sich bei einer selbstverschuldeten Insolvenz, einem unnötigen Verlustgeschäft oder anderen Misserfolgen eingestehen zu können, einer unrealistischen Größenphantasie erlegen zu sein, sich überschätzt, ein falsches Bild von sich selbst gehabt zu haben. Unter Umständen bleiben Narben, Gefühle der Kränkung und Demütigung zurück. Doch sogar dann, wenn das eigene Selbst beschädigt worden sein sollte, ist die Würde noch lange nicht verloren. Gelungenes Scheitern zeigt sich in der Entschlossenheit, sich oder dem eigenen Leben seine Fehlschläge zu verzeihen. Denn so wird es möglich, die missliebige Situation und damit auch sich selbst erneut anzunehmen. Würde steht für das Ideal, ohne Selbstanklagen zu ertragen und klaglos zu tragen, was einem an unverfügbaren Hässlichkeiten zugemutet wird, und das heißt: ohne dabei die Achtung vor sich selbst zu verlieren.

Das ist wichtig, weil man für sein Leben ja weiter verantwortlich bleibt. Deshalb wäre es fatal, sich darauf zurückzuziehen, sein Unglück hinzunehmen, anstatt weiterzumachen und sich neu zu orientieren (im Englischen gibt es den schönen Ausruck »to keep on keeping on«, also mit dem Weitermachen weiterzumachen). Allerdings ist es eine Schönfärberei des modernen Glücksprojekts, diesen unleugbaren Handlungsdruck und Orientierungsbedarf von vornherein mit einer neuen Glückschance gleichzusetzen. Nüchtern betrachtet sind beide Anforderungen ein Produkt des Scheiterns selbst, aus dem sich geradezu zwangsläufig die Aufgabe ergibt, es künftig anders als bisher zu machen.

Irgendetwas fehlt immer

»Glücklich, wer frohgemut einen Tag verbingt – tränenlos«, so der Lieddichter Alkman im 7. Jhd. v. Chr.[4] Oder anders ausgedrückt: Das Leben meint es nicht immer gut mit uns Menschen. Bei manchen wird fast jedes Glück versäumt. Für Kant ist ungebrochenes Glück schon deshalb unmöglich, weil sich niemals alle existenziellen Widersprüche und Beschränkungen auflösen lassen. Außerdem ließen sich niemals alle Konflikte der Menschen untereinander beilegen. Und schließlich könnten die vielfältigen Neigungen ein und derselben Person nicht alle miteinander versöhnt werden: Menschen sehnen sich nach Ausschweifung und Gemütlichkeit, Abenteuer und Geborgenheit, Freiheit und Sicherheit.[5] Als bedrängte, bedürftige und begehrliche Wesen sind sie häufig nicht eins mit sich. Der Philosoph Georg Wilhelm Friedrich Hegel (1770–1831) zog hieraus den pessimistischen Schluss: »Die Weltgeschichte ist nicht der Boden des Glücks. Die Perioden des Glücks sind leere Blätter in ihr.«[6] Ähnlich bemerkte der Philosoph John Stuart Mill (1806–1873): »Unfreiwillig kommen neunzehn Zwanzigstel der Menschheit ohne Glück aus.«[7] Und Freud führte aus: »[D]ie Absicht, daß der Mensch ›glücklich‹ sei, ist im Plan der ›Schöpfung‹ nicht enthalten.«[8] Hierfür sei das Elend in der Welt einfach zu groß, hervorgerufen durch die Hinfälligkeit unseres Körpers, die Übermacht der Außenwelt sowie die Unzulänglichkeit von Mensch und Gesellschaft.

›Ach, was könnte das Leben so schön sein, wenn es nicht ausgerechnet das eigene wäre!‹, möchte wohl der eine oder die andere gelegentlich klagen. Oder mit Heinrich Heine (1797–1856):[9]

Das Glück ist eine leichte Dirne,
Und weilt nicht gern am selben Ort;
Sie streicht das Haar dir von der Stirne
Und küßt dich rasch und flattert fort.

Frau Unglück hat im Gegenteile
Dich liebefest ans Herz gedrückt;
Sie sagt, sie habe keine Eile,
Setzt sich zu dir ans Bett und strickt.

Doch selbst ein halbwegs gelungenes Dasein bleibt keineswegs vor Frustrationen gefeit. Die meisten von uns führen innerhalb der eigenen Gesellschaftsschicht ein durchschnittliches Leben. Heinrich von Kleist (1777–1811) beschreibt das so: »Das Schicksal spielt unserer Hand einen Zettel unter die Finger – dieser Zettel ist nicht das große Los, er ist auch keine Niete, es ist ein Los, wie es Tausende schon getroffen hat, und Millionen noch treffen wird.«[10]

Selbstverständlich ist hieran nichts schlimm. Die wunderbare Kraft des gewohnten Alltags besteht darin, dass man sich durch Gewöhnung von diesem entlastet. Diese kleinen Entlastungen verwandeln das mitunter kleine Los bereits in ein besseres, vielleicht sogar in ein großes Los. Um dies kleine große Los zu würdigen, bedarf es realistischer Lebensziele und eines Selbstverständnisses, das sich mit der eigenen Endlichkeit, mit dem Unverfügbaren, mit unseren Begrenzungen zu arrangieren vermag.

Doch selbst wenn das Leben innerhalb dieses Rahmens halbwegs geraten sollte, stellen sich trotzdem nicht automatisch Glücksgefühle ein. Dem gesättigten Durchschnittsbürger fehlt häufig etwas Wesentliches zu seinem Glück, ohne dass er dies deutlich beim Namen nennen könnte. Wie ist das möglich? Man ist doch nicht schon deshalb gescheitert, nur weil man im Leben nicht das ganz große Los gezogen hat. In dieser Frage hilft auch jede Normalisierung des Glücks nicht weiter. Normalisierung des Glücks meint, dass schon ein durchschnittliches Leben das Glück sein könnte. Nur warum nehmen wir es dann oft nicht so wahr, sondern nur als normal und selbstverständlich?

Dagegen ist es offensichtlich, dass es Unglück aufgrund unerfüllter Lebenswünsche gibt. Es ist schlimm, sich in der Mitte oder am Ende des Lebens eingestehen zu müssen, günstige Gelegenheiten verschlafen zu haben. Wehe dem, der versäumte Lebenschancen in rückwärtsgewandter Sehnsucht als eine immer stärker schmerzende Wunde empfindet: Oh, hätte man doch nur wirklich gelebt, mehr Zeit mit seinen Freunden zugebracht, den eigenen Gefühlen mehr Raum gegeben, seine persönlichen Ziele konsequenter verfolgt! Die Irritation ist umso größer, je deutlicher man erkennt, dass andere Lebensvorhaben besser zu einem gepasst hätten. Aber nicht alles lässt sich nachholen.

Solche Frustrationen können unsinnige Wünsche hervorrufen, wie etwa trotz fortgeschrittenen Alters wieder jung sein zu wollen oder überhaupt anders, ja: ein ganz anderer zu sein, als man ist, sei es in körperlicher, gesellschaftlicher, intellektueller oder charakterlicher Beziehung. Und selbst wenn sich diese existenziellen Frustrationen dadurch relativ leicht entdramatisieren ließen, dass man sich in das Unabänderliche fügt, können die Frustrationen auslösenden Tatsachen weiterhin dem Glück abträglich bleiben. Wie ist das möglich?

Natürlich gehen Lebenswünsche auch in Erfüllung. Doch selbst dann bleiben viele Menschen unzufrieden. Nicht nur Pechvögel, sondern Glückspilze wirken häufig nicht glücklich. Es gelingt ihnen nicht, in sorgloser Unbeschwertheit dauerhaft mit sich eins zu sein oder vergnügt in sich zu ruhen. Nur: Was fehlt ihnen zu ihrem Glück? Haben sie vielleicht für sich das falsche Glück gewählt?

Wahres Glück sei moralischer Natur. Ein Maßstab moralischen Verhaltens sei das subjektive Wohlbefinden möglichst vieler Menschen. Die Ethik, die auf solchem Grundsatz beruht, wird Utilitarismus (von engl. *utility* für Nutzen) genannt. Nützlich ist das, was Lust (*pleasure*) vermehrt und Schmerz (*pain*) vermindert. Hinter diesem Ansatz steht ein hedonistisches Glücksverständnis. Das Ziel des Utilitarismus besteht darin, das größtmögliche Glück für die größtmögliche Zahl von Menschen zu erreichen. Entsprechend ist die Richtigkeit einer Handlung anhand jener Konsequenzen zu beurteilen, die sich aus einer bestimmten Handlung ergeben. Eine Handlung zu tun, ist dann geboten, wenn sie so gute Folgen wie möglich für das Wohlergehen der meisten Betroffenen hat.

Während für den Begründer des Utilitarismus Jeremy Bentham (1748–1832) jede Art von Lust gleichwertig ist, fordert sein Schüler Mill, auch qualitative Unterschiede bei der Berechnung des Glücks zu berücksichtigen: Geistige Freuden seien wertvoller als körperliche Gelüste, und Mill folgert: »Es ist besser, ein unzufriedener Mensch zu sein als ein zufriedenes Schwein; besser ein unzufriedener Sokrates als ein zufriedener Narr.«[11]

Der am Glücksbegriff orientierte Utilitarismus sieht sich jedoch schnell mit eine Reihe von Problemen konfrontiert. Angenommen, das subjektive Glück der größtmöglichen Zahl von Menschen wäre tatsächlich der letzte Prüfstein für die moralische Richtigkeit einer Handlung oder Handlungsregel: Wie können die entsprechenden Glückswerte (Qualität, Intensität, Dauer, Wahrscheinlichkeit von Lust und Unlust) überhaupt gemessen und miteinander verglichen werden? Davon abgesehen sind die Bedürfnisse und Interessen den Betroffenen selbst oft gar nicht genau bekannt und unterscheiden sich von Fall zu Fall: Der eine empfindet als wünschenswert, was die andere als unangenehm wahrnimmt. Wiegt der Lustgewinn eines Sadisten etwa den Schmerz seines Opfers auf? Wer soll beurteilen, was für das Wohlbefinden der meisten erforderlich ist?

Der Utilitarismus bezieht sich auf die meisten, nicht auf alle, sieht also nicht jeden Einzelnen als unverwechselbaren Einzelnen an. Es sollen ja möglichst viele glücklich werden: doch auch für den Preis, dass Minderheiten unterdrückt und ausgebeutet werden? Weitgehend unbeantwortet bleibt für den Utilitarismus die Frage nach Menschen- bzw. Grundrechten, die den Einzelnen vor höherrangigen Zielen und mehrheitsdemokratischen Beschlüssen schützen.

Doch stellt sich in unserem Zusammenhang die Frage, ob Menschen überhaupt dazu geneigt sind, den Glücksinteressen der meisten anderen denselben Rang einzuräumen wie ihren eigenen oder den Glücksinteressen ihrer Angehörigen und Freunde. Oder anders ausgedrückt: Eine Ethik mag noch so gut begründet sein, ohne universelles Wohlwollen dürfte sie wohl kaum funktionieren. Einem solchen auf alle ausgerichteten Handlungsmotiv scheint aber das Eigeninteresse des Einzelnen oft entgegenzustehen. Oder gehört Wohlwollen zu unserem Eigeninteresse, weil auch dieses unser Glücksverlangen zu befriedigen vermag?

Glückliche Moral

Die Positive Psychologie meint ohne Wenn und Aber: Wer seinen Mitmenschen Freude schenkt, wird selbst mit Freude belohnt. Freilich kann man auch ein glückliches Leben führen, ohne sich um moralische Angelegenheiten zu kümmern. Moralisches Engagement hat aber das Potential, das eigene Leben mit Glück zu erfüllen. Diese Auffassung des modernen Glücksprojekts knüpft unausgesprochen an die antike Glücksphilosophie an, denn diese geht von einer Harmonie zwischen Glück und Moral aus und ist überzeugt davon, dass tugendhaftes und glückseliges Leben miteinander übereinstimmen können.

Kant hegte starke Zweifel an dieser Glückskonzeption: Im Grunde widersprächen sich Glückseligkeit und Moralität. Denn Letztere gründet doch auf einer Überwindung eigener Interessen. Für Moralität ist eine freiwillige Einschränkung individueller Wünsche und Neigungen zugunsten des Wohls anderer Menschen charakteristisch. Dagegen verfolgt jedes Glücksstreben hauptsächlich persönliche Ziele, so Kant. Wer aber um seines Wohls willen rücksichtsvoll und hilfsbereit ist, einen Bedürftigen unterstützt, weil es ihm selbst guttut, der möchte vorrangig das eigene Wohlbefinden steigern. Strenggenommen handelt der Helfer nicht mehr moralisch. Kant hält deshalb eine strikte Trennung zwischen moralischem Verhalten und individueller Glückssuche für unerlässlich.

Es sei sogar so, meint Kant, dass der moralisch Handelnde überhaupt nicht an sein eigenes Glück denken sollte, sondern nur an das Glück seiner Mitmenschen. Im wirklichen Leben erfährt der moralische Mensch auch häufig gar nicht Glück. Ganz im Gegenteil: Der moralisch Handelnde ist nicht selten der Dumme, der das Nachsehen hat. Die Weltordnung ist nicht gerecht. Das stört aber den moralisch Handelnden nicht, so Kant, weil er ja gar nicht auf *sein* Glück aus ist. Allerdings verdiente er es, genau deshalb glücklich zu werden, selbst wenn das Glück ausbleibt. Er erweist sich aufgrund seines selbstlosen Handelns als des Glückes würdig.[12]

Nun gibt es tatsächlich Fälle, in denen Menschen infolge ihrer moralischen Handlungen auf unerwartete Weise des Glücks teilhaftig werden. Wo dies geschieht, dort ereignet sich in der Welt das »höchste Gut«, so Kant. Das Gedicht *Nis Randers* von Otto Ernst liefert ein anschauliches Beispiel hierfür:

Ein Schiff ist im nächtlichen Gewittersturm auf eine Sandbank aufgelaufen. Der Schiffbruch wird von Schaulustigen am Ufer verfolgt. Nis Randers ist einer der Beobachter an Land. Gewitterblitze erhellen die tragische Situation auf hoher See. Plötzlich sieht Nis noch einen Menschen auf dem Schiffsmast um sein Leben kämpfen. Hierauf beschließt er, den Schiffbrüchigen zu retten. Da fasst ihn seine Mutter an die Hand und verbietet ihm, sich auf die stürmische See hinauszuwagen – aus Angst, ihm könne auch etwas Schlimmes zustoßen. Ihr Anliegen ist mehr als berechtigt, hat sie doch bereits ihren Mann und ihren Sohn Momme an das Meer verloren; selbst ihr Sohn Uwe ist schon seit Jahren verschollen. Sie hat nur noch Nis, den sie nicht auch noch verlieren möchte. Trotzdem besteht Nis darauf, dem Schiffbrüchigen zu Hilfe eilen zu dürfen, in der festen Überzeugung, dass es moralische Pflicht sei, Notleidenden zu helfen, ohne an das eigene

Wohlergehen zu denken. Somit setzt er sich bewusst der Lebensgefahr aus. Glücklicherweise überlebt er seine Rettungsaktion und kehrt zusammen mit dem einzig Überlebenden an Land zurück. Noch bevor beide das Ufer erreichen, ruft Nis aus der Dunkelheit der Nacht den Menschen an der Küste zu: »Sagt Mutter, 's ist Uwe!«: Der Mann im Mast war der verschollene Sohn und Bruder.

In dieser Geschichte kommt es zum »höchsten Gut«: Eine Person handelt zugunsten des Wohlergehens eines anderen, ohne dabei ans eigene Wohlbefinden zu denken, und erreicht gerade dadurch die besondere Würdigkeit, glücklich zu werden, was sie dann überraschenderweise aufgrund der günstigen Umstände auch tatsächlich wird.

Da sich solche Fügungen nicht allzu oft ergeben, empfiehlt Kant, am Glauben an Gott festzuhalten, der jeden moralischen Menschen zumindest im Jenseits mit dem Glück beschenken wird, dessen er sich auf der Erde als würdig erwiesen hat. Ihm schien der Gedanke unerträglich, dass Unrecht das letzte Wort bleiben könnte.[13]

Im 20. Jahrhundert formuliert Max Horkheimer (1895–1973) unter dem Eindruck des Elends auf der Erde die traurige Ahnung:

> Was den Menschen, die untergegangen sind, geschehen ist, heilt keine Zukunft. Sie werden niemals aufgerufen, um in der Ewigkeit beglückt zu werden [auch wenn] der Gedanke, dass die Gebete der Verfolgten in höchster Not, dass die der Unschuldigen, die ohne Aufklärung ihrer Sache sterben müssen, dass die letzten Hoffnungen auf eine übermenschliche Instanz kein Ziel erreiche [...], ungeheurlich klingen mag.[14]

Doch selbst Horkheimer mochte sich hiermit nicht abfinden und betont zuletzt ohne konkretes religiöses Glaubensbekenntnis, »dass über dem Leid und dem Tod die Sehnsucht steht, dieses irdische Dasein möge nicht absolut, nicht das Letzte sein«.[15]

Kann uns das weiterhelfen?

Wahres und falsches Glück

Worin also besteht nun wahres Glück? In moralischem, solidarischem Handeln? In sozialem Engagement, dem Einsatz für mehr Klimaschutz und weniger Grausamkeit unter den Menschen? Bringt dagegen die fröhliche Einwilligung niedrigqualifizierter Geringverdiener in ihre prekären Lebensverhältnisse ein verkehrtes Glück zum Ausdruck? Oder anders gefragt: Gibt es wahres und falsches Glück?

Die antiken Philosophen waren davon überzeugt, dass hier ein Unterschied vorliegt. In der Regel verurteilten sie Reichtum, Ehre, Macht, Ruhm und Sinnesvergnügen als bloß scheinbares Glück, das auf falschen Interessen beruht. Wahre Glückseligkeit zeichnet sich demgegenüber durch selbstgenügsame Beständigkeit aus. Als Grundlage wahrer Glückseligkeit galten das Göttliche, Gute, Gerechte, an denen der Mensch sein Dasein orientieren sollte, um an der göttlichen Glückseligkeit teilzuhaben.

Heute muten solche Überlegungen eher seltsam an, doch bleibt die Unterscheidung zwischen wahrem und falschem Glück bestehen. Herbert Marcuse (1878–1979), ein Vertreter der *Kritischen Theorie*, die die kapitalistischen

Gesellschaftsverhältnisse der Nachkriegszeit grundsätzlich in Frage stellte, findet das wahre Glück nicht in Gott, sondern im Menschen. Wie viele Gesellschaftskritiker hinterfragt er den modernen Konsumismus. Werbung und Massenmedien geben immer wieder neue Versprechen, deren Einlösung jedoch nie für wahres Glück gehalten wird. Die Unterhaltungs- und Konsumindustrie preist ihre Produkte mit Glücksgarantien an. Sie lässt Lebensfreude mit Hautcremes, Shampoos und Designermöbeln gleichbedeutend werden. Glück wird mit verfeinertem Nahrungsgenuss, Bekleidungsmode und Luxusautos assoziiert. Glück findet sich an exotischen Reiseorten, unberührten Sandstränden und komfortablen Hotelanlagen oder auf Musikfestivals und Sportveranstaltungen, den Partymeilen der Metropolen oder in Abenteuerurlauben.

Kritiker solcher Lebensformate beklagen eine zunehmende Oberflächlichkeit und abnehmende Fähigkeit, sich bei all den Zerstreuungen überhaupt noch auf etwas zu konzentrieren. Ohne sich mit etwas intensiver zu befassen, erliegen viele Menschen dem verführerischen Glanz eines flachen Kulturbetriebs, dessen bunte, übervielfältige Angebote sie schnell blenden und betäuben.

Doch was ist der Maßstab dafür, das Gütesiegel »wahres Glück« zu vergeben? Lassen sich Glücksangebote überhaupt zertifizieren? Oder umgekehrt: Warum sollte Designerprodukten und Traumreisen, einem glamourösen Lebensstil oder ausschweifenden Events das Gütesiegel »wahres Glück« verweigert werden? Verdanken wir nicht erst den technologischen Errungenschaften unseren Wohlstand? Könnte es nicht sogar sein, dass die wissenschaftlich-technische Zivilisation das wahre Glück der Menschen eher fördert, als dass sie es verkümmern lässt? Kurz: Anhand welcher Kriterien lässt sich das wahre vom falschen Glück abgrenzen?

Hilfreich könnte sein, an dieser Stelle die Unterscheidung zwischen Wunsch und Interesse einzuführen. Ein Leben, das sich seinen unmittelbaren Impulsen und Alltagsaufgaben unbesonnen überlässt, handelt wunschgemäß. Denn Wünsche sind spontan, emotional gegründet, stellen sich oft unbedacht ein, während Interessen mit besonnener Überlegung verfolgt werden. Sie setzen einen urteilsfähigen, aufgeklärten, wohlinformierten Handelnden voraus. Legt man diese Differenzierung zugrunde, fußt das falsche Glück auf Wünschen, die oft den eigenen Interessen widersprechen: Ein Kranker, der wieder gesund werden möchte, schwört auf ein Medikament, das ihm angeblich hilft, in Wahrheit aber seinen Gesundheitszustand verschlechtert. Ein Raver, der auf Luststeigerung aus ist, nimmt regelmäßig Drogen, um beim Feiern durchhalten zu können, und steigert dabei allmählich die Dosen. Beide handeln zwar wunschgemäß, aber letztlich gegen ihre Interessen. Sie tun etwas, das ihnen nicht guttut, und wollen mithin etwas, das sie eigentlich gar nicht wollen können.

Doch woher wissen wir, was unsere wahren Interessen sind? In beiden Fällen liegen sie in der menschlichen Natur, genauer: im Zwang zur Selbsterhaltung. Niemand wünscht normalerweise, hohen Lustgewinn und die Einnahme von Drogen mit dem Leben bezahlen zu müssen.

Ähnlich problematisch wie die beiden Beispiele wird es im Zusammenhang mit der bereitwilligen Anpassung geringqualifizierter Niedrigverdiener an ihre prekären Lebensverhältnisse. Durch ihre Zustimmung machen sie sich selbst zu Komplizen eines Systems, das sie eigentlich demütigt und ausnutzt. Mit ihrer Lebensfreude missbrauchen sie sich selbst als Multiplikatoren gesellschaftlicher Strukturen, die ihnen eigentlich die Möglichkeit vorenthalten, wahres Glück zu erleben. Ihre Heiterkeit ist, so könnte man überspitzt sagen, zwar ihren Wünschen gemäß, widerspricht aber letztlich ihren ureigensten Interessen. In Anbetracht ihrer Lebenssituation hätten sie guten Grund dazu, sich unglücklich zu fühlen.

Wahres Glück liegt in der Erfüllung jener Interessen begründet, die sich aus der Entwicklung unserer Fähigkeiten und Begabungen ergeben. Folgt man den Kritikern der heutigen Konsumwelt, verkümmern unter den gegebenen Verhältnissen die Potentiale, die im Einzelnen schlummern. Der Kommerz redet den Menschen regelmäßig neue Bedürfnisse ein, die aber ihren eigentlichen Interessen letztlich widersprechen. Doch nicht die verführerischen Marktangebote an sich sind verantwortlich für falsches Glück: Man kann auch ohne Widerspruch gleichzeitig konsumskeptisch sein, sich gegen Geschäftemacherei oder Profitgier aussprechen und trotzdem konsumorientiert bleiben, also beim Essen, Wohnen oder Reisen einen aufwändigen Lebensstil pflegen. Das falsche Glück ergibt sich erst, wenn die moderne Konsumindustrie die Entdeckung unserer wahren Anlagen blockiert und unsere Selbstbestimmung durch subtile Manipulation unterläuft. Dann wächst die Gefahr, sich selbst zu verpassen, weil die eigenen Fähigkeiten verkümmern.

Immerhin: Die freie Entfaltung unserer Potentiale verdankt sich auch jenem Wohlstand, der erst durch technologischen Fortschritt möglich wurde. Rationalisierung,

Automatisierung und Digitalisierung in der Arbeitswelt geben vielen Menschen erst die Gelegenheit, sich selbst zu verwirklichen und ihre individuellen Anlagen zu entwickeln. Nur: Was sind das für Fähigkeiten und Talente, aus denen unsere wahren Interessen hervorgehen, auf denen wiederum unser wahres Glück sich gründen soll?

Menschen sind sehr unterschiedlich veranlagt. Es gibt vielfältige Begabungen. Zudem werden sie verschieden geprägt von Familie, dem Freundeskreis, ihrem Milieu. Dies alles trägt dazu bei, dass die einen ihr wahres Glück in künstlerischem Schaffen, technischen Erfindungen oder wissenschaftlichen Entdeckungen finden. Andere suchen ihr wahres Glück im Handwerk, im EDV-Bereich, im Einsatz für den Klimaschutz, wieder andere in Tai-Chi, Yoga oder Bioernährung, viele auch beim Sport oder im eigenhändigen Ausbau des Eigenheims.

Aber selbst derjenige, der seine Neigungen und Talente verwirklichen kann, ist nicht automatisch glücklich. Man denke nur an die vielen Künstler, Komponisten, Schriftsteller, die in ihrem Leben ihre Begabung leidenschaftlich auslebten, ohne deshalb glücklich gewesen zu sein.

Gleichzeitig gibt es viele Menschen, die gar nicht genau wissen, wie sie leben möchten und worin ihre eigentlichen Stärken bestehen. Einige stoßen selbst nach reiflicher Überlegung auf nicht mehr als auf nichts. Und viele scheuen es, sich allein für sich Gedanken darüber zu machen, was für sie das Beste sein könnte.

Wie vage müssen dann die Begriffe wahres und falsches Glück bleiben! Will man diese Begriffe vorschreibend verwenden, droht die Anmaßung, anderen diktieren zu wollen, in was sie ihr wahres Glück zu suchen haben. Vielleicht sollte man lieber gleich auf die Unterscheidung zwischen wahrem und falschem Glück verzichten?

Dieser Auffassung ist der amerikanische Philosoph Richard Rorty (1931–2007). Jeder Einzelne möge selbst bestimmen, als was er sich verstehen möchte und wie er sein Leben führen will. Entsprechend bestehe das Ziel einer freien Gesellschaft darin, ihren Bürgern zu erlauben, »so privatisierend, irrationalistisch und ästhetizistisch zu sein, wie sie mögen«.[16] Sie sollen das Glück auf je eigene Weise suchen dürfen, »solange sie es in der Zeit tun, die ihnen gehört, und soweit sie damit anderen keinen Schaden zufügen und nicht auf Ressourcen zurückgreifen, die von weniger Begünstigten gebraucht werden«.[17]

Außengrenzen

Trotz aller fragwürdigen Schönfärberei haben die individualistischen Konzepte des modernen Glücksprojekts dennoch zumindest eine gewisse Berechtigung, wenn sie wie Aristoteles das Glück zu einem Höchstziel erklären, zu einem Ziel also, zu dem der Einzelne ja nicht nur von Natur aus hinstrebt, sondern dieses Ziel zeitweilig und teilweise sogar auch für längere Zeit erreicht.

Denn natürlich ist es nicht falsch, kleine Freuden zu schenken, achtsam, optimistisch, dankbar zu sein, eine enge Verbundenheit mit Mensch und Natur zu empfinden, positive Gewohnheiten zu pflegen und überhaupt eine positive Lebenseinstellung zu entwickeln. Wie in der Wissenschaft führt im Leben das Scheitern tatsächlich wie erwähnt nicht selten zu wichtigen Kurskorrekturen und

Neuorientierungen. Misserfolge können für den eigenen Werdegang bedeutsam sein. Eine zweite und dritte Chance zu bekommen, spricht für ein humanes Gemeinwesen. In Bezug auf unser Glück sind diese Aspekte sehr wichtig, und doch verschweigen sie die halbe Wahrheit.

Ein blinder Fleck der modernen Glücksnarrative besteht nämlich

1. in der Vernachlässigung der gesellschaftlichen Wirklichkeit als mögliche Determinante für unsere Glücksvorstellungen und Glückschancen.

2. hat sich die Verharmlosung des individuellen Scheiterns durch das moderne Glücksprojekt als höchst problematisch erwiesen. Wie oft werden die erstrebten Lebensziele verfehlt und bleibt das ersehnte Glück aus!

3. Und es ist schlicht inakzeptabel, dass unverfügbare Zufälle für Erfolg und Misserfolg bei der menschlichen Glückssuche chronisch unterschätzt werden. Zu den unverfügbaren Größen unseres Lebens gehört ganz wesentlich, dass man auch mit sich selbst Glück haben muss.

Ein realistisches Glücksverständnis muss diesen Tatsachen Rechnung tragen. Es muss sich dadurch auszeichnen, dass es die Glückschancen nach Fehlschlägen nicht überbewertet, unsere Selbstständigkeit und Eigenverantwortlichkeit nicht überstrapaziert und den Einfluss der sozialen Verhältnisse und unverfügbaren Zufälle angemessen berücksichtigt.

Doch haben wir damit schon alles bedacht? Das Unglück stellt eine Gefahr für das menschliche Glück zu jeder Zeit dar. Doch begegnen uns auch innere Gefährdungen des Glücks, die das moderne Glücksprojekt wiederum nahezu völlig übersieht: Dem Glück selbst wohnt ein beunruhigendes Unglück inne. Die Verkennung dieses dem Glück eigentümlichen Unglücks bringt die optimistischen Glücksnarrative in eine noch größere Schieflage als alle bisher vorgebrachten Bedenken.

Baumängel des Glücks

Binnengrenzen

So merkwürdig es klingt: Das Unglück ist der Preis des Glücks. Denn im Glück selbst sind immer bereits verschiedene Formen des Unglücks angelegt. Darum kann man das Glück nicht ernsthaft wollen, ohne zugleich das Unglück mitgewollt zu haben.

In der fehlenden Berücksichtigung dieser Kursiosität liegt das schwerste Versäumnis der aktuellen Glücksindustrie und Glücksforschung. Sie führen die Glückserwartungen der Menschen durch übertriebenen Optimismus in die Irre. Das Glücksversprechen wird allzu leicht zum Glücksversprecher.

Allerdings bezieht sich das angedeutete Unglück im Glück nicht bloß auf die widersprüchliche Struktur unseres Daseins. Menschliches Leben bewegt sich zwischen Gegensätzen: Es gibt für uns das Schöne nicht ohne das Hässliche, das Süße nicht ohne das Saure, das Kalte nicht ohne das Warme. Gegensätze setzen einander gegenseitig voraus. Oft fühlen wir im einen schon das andere: Wo wir uns ausruhen, spüren wir vergangene und kommende Anstrengungen; in der Freude erahnen wir künftiges Leid, in der Erfüllung drohen herannahende Enttäuschungen.

Entsprechend birgt auch das Glück das Unglück in sich. Gesellschaftlich gesehen verbinden sich diese beiden Pole häufig so, dass ›des einen Glück des andern Leid‹ bedeutet, ob in der Balzarena, bei Wettkämpfen oder Bewerbungsverfahren. Jedoch meine ich mit der Verknüpfung von Glück und Unglück an dieser Stelle eine ganz andere Konstellation.

Nur geht es hier auch nicht um eine Neufassung von Paul Watzlawicks (1921–2007) *Anleitung zum Unglücklichsein.* Dessen Pointe ist die Erkenntnis, dass Menschen für ihr Unglück häufig selbst verantwortlich sind, weil sie sich oft im Wege stehen. »Selbsterfüllende Prophezeiungen« (*self-fulfilling prophecies*) sind ein Beispiel: Jemand hegt den Verdacht, seine Kollegen machen sich heimlich über ihn lustig. Daraufhin lenkt der Betroffene sein Augenmerk auf deren Gesprächsverhalten, um Beweise für seinen Verdacht zu bekommen, und verändert sein Verhalten. Bald bestätigt sein nun merkwürdiges Benehmen seine Vermutung. Die Kollegen fangen an, sich heimlich über sein verändertes Auftreten lustig zu machen.

Doch ist hier etwas anderes gemeint: Es gibt nicht bloß Glück im Unglück – man hat Glück gehabt, wenn man ein Flugzeug verpasst, das genau bei diesem Flug abstürzt –, sondern es gibt eben auch das Gegenteil: ein Unglück *im* Glück selbst.

Spielverderber Vorfreude

Die Aussicht auf die Hochzeitsfeier, den morgigen Besuch der Enkelkinder, die baldige Urlaubsreise hebt unsere Stimmung. Sie versetzt uns in Vorfreude. Glückszustände entstehen oft, wenn wir positive Emotionen vorwegnehmen. ›Vorfreude ist die schönste Freude‹, so eine Redensart. Doch wie viele fühlen sich vor einer Reise besser gelaunt als während des Urlaubs. Im Advent ist die Freude auf Weihnachten häufig stärker als an den Feiertagen.

In diesem Zusammenhang haben einschlägige Untersuchungen ergeben, dass Ereignisse die Menschen tendenziell glücklicher machen als Sachgüter. Die Vorfreude und Freude über ein Kleidungsstück, Smartphone oder ein Auto fallen durchschnittlich geringer aus als über eine Urlaubsreise, einen Motorradausflug, einen Konzertbesuch.

Unabhängig davon, ob Ereignis oder Sache: Die Vorfreude kann mehrere Wochen, wenn nicht gar Monate andauern. Das Ereignis selbst geht aber meist schnell vorüber: die Hochzeitsparty, Weihnachten, der Urlaub. Freilich wirken solche Ereignisse nach. Dennoch verpufft die Freude erstaunlich schnell. Das neue Auto, die neue Wohnung oder der Traumjob sind bald selbstverständlich.

Da sich die Vorfreude in Wunschträumen bewegt, werden die ersehnten Ereignisse und Dinge oftmals schöner ausgemalt, als sie wirklich sind. Man sieht die schöne Hochzeitsfeier vor dem geistigen Auge, spürt aber noch nicht das verschwitzte Hemd auf der Haut, den überfüllten Magen, die quälende Langeweile zwischen den Mahlzeiten. In der Phantasie flaniert man am Sandstrand ohne den Alkohol vom vorigen Abend im Kopf und die brütende Sonne auf der Haut. Man freut sich auf den Partner, den man eine Woche lang nicht gesehen hat, und wünscht ihn seiner Marotten wegen gleich wieder weg, kaum dass er die Wohnung betreten hat. Die »Vorfreude« ist das »Beste«, sagt Tom Buddenbrook in Manns Roman zu seiner Schwester Tony, »weil noch nicht behaftet mit allem kleinlichen, störenden, ärgerlichen Beiwerk, allem Staube der Wirklichkeit.«[1]

Bereits die Vorfreude aktiviert das neuronale Belohnungssystem und die körpereigene Apotheke des Glücks: So verrringert die Erwartung eines freudigen Ereignisses die Konzentration der Stresshormone Adrenalin und Cortisol im Blut und vermehrt die Dopaminproduktion. Interessanterweise wird bei der Vorfreude das neuronale Belohnungssystem oftmals sogar stärker in Gang gesetzt als bei Erreichung des erstrebten Ziels. Der evolutionäre Sinn dieses überraschenden Befunds hängt mit dem Mechanismus der menschlichen Selbsterhaltung zusammen: Vorfreude hält den Menschen dauerhaft auf Trab. Sie sorgt für gute Laune und ist gleichermaßen Auftrieb und Antrieb, nicht nur solche Aufgaben zu erledigen, die mit Highlights zusammenhängen, sondern auch lebensnotwendige Herausforderungen anzupacken. Ohne solche Motivation würde es kein berufliches und privates Weiterkommen geben.

Wenn Erwartung und Realität miteinander übereinstimmen, sind Vorfreude und Freude gleichwertig; wenn die Ereignisse oder Dinge die Erwartungen übertreffen, dann ist die Freude sogar größer als die Vorfreude. Das Glück, das wir uns ausmalen, ein für alle Mal zu erreichen, wäre Stillstand, das Ende von Entwicklung, Verfall. Darum ist es sinnvoll, dass das Glück ein wenig enttäuscht, auf das man sich so lange freute. Diese Enttäuschung ergibt sich nicht notwendigerweise aus Übererwartungen. Es liegt gleichsam in der Natur des Glücks, tendenziell hinter der Vorfreude zurückzubleiben, damit das Glücksstreben und mithin das Leben weitergehen. Dieses Unglück der Enttäuschung ist dem Glück selbst eigentümlich, weil der Daseinsprozess eines fortgesetzten Strebens bedarf, um nicht zur Ruhe zu gelangen. Zwar wird das Leben rückwärts verstanden, es muss aber »vorwärts gelebt werden«, wie der Philosoph Sören Kierkegaard (1813–1855) betont.[2]

Hasenjagd

Entsprechend streben viele Menschen jahrelang nach beruflichem Erfolg, starken Erlebnissen und anderen Erfüllungen, weil sie glauben, dass am Ende ihrer Lebensleiter das große Glück auf sie wartet. Die Idee des Glücks schafft eine wie erwähnt biologisch gesehen durchaus sinnvolle äußere Rastlosigkeit und innere Unruhe, die sich beide nicht ohne weiteres ausschalten lassen. Beide Impulse sind in unserer auf Selbsterhaltung und Selbsterfüllung ausgerichteten Natur angelegt.

Allgemein zielt dieses Doppelverlangen auf existenzielle Entlastungen und reizvolle Zerstreuungen. Rein biologisch gesehen rivalisieren wir Menschen bei Beschaffung materieller Ressourcen zur Daseinssicherung wie auch bei der Partnerwahl. Außerdem konkurrieren wir um soziale Ränge. Gelingt es uns, einen guten Platz in der Sozialhierarchie zu ergattern, so haben wir einen besseren Zugang zu Ressourcen und größeren Erfolg bei der Partnerwahl, meinen Soziobiologen. Denn Menschen beeindrucken einander nicht nur durch Intelligenz, Schönheit und Kraft, sondern ebenso durch gesellschaftliche Stellung, Macht, Reichtum, Besitz, zur Schau gestellten Konsum und Luxus.

Die auf Selbsterhaltung und Selbsterfüllung zielende innere Unruhe und äußere Rastlosigkeit ließen die Menschheit im Laufe der Geschichte echte Höchstleistungen erbringen. Das letzte Ziel aller Mühen bleibt aber das große Glück. Gerade in der modernen Leistungs- und Amüsiergesellschaft wird fast jedes Mittel begrüßt, welches das Leistungs- und Luststreben zu erweitern vermag.

Beiden Antrieben scheinen Stoppregeln wesensfremd zu sein; ein Mehr bleibt immer denkbar. Keine Markierung legt fest, dass genügend erreicht wäre. So neigen Leistung und Lust zu Rekord und Rausch. Sie funktionieren nach einer Logik der Selbstüberbietung, die aus sich keine Grenzen hervorbringt. Das Leistungs- und Luststreben gleicht einem Motor ohne Bremsvorrichtung. Genug ist nie genug. Das Maximum von heute ist der Ausgangspunkt für morgen.

In diesen Zusammenhang gehören die Phänomene Kick und Thrill. Letzteres meint Nervenkitzel, ein gemischtes Gefühl aus lustvoller Begeisterung und erzitterndem Schaudern: ein grausiges Vergnügen. Solche Spannungszustände wie etwa beim Fußball enden häufig mit einem Kick, einer kurzen euphorischen Gefühlsaufwallung, in der sich die aufgeladene Spannung entlädt, wenn das ersehnte Tor endlich fällt.

Innere Unruhe und äußere Rastlosigkeit bei der Glückssuche sind zur Gewährleistung und Verbesserung der menschlichen Entlastungen und Befriedigungen unverzichtbar. Sie sind aber zugleich auch ein Unglück, weil die Glücksjäger im vermeintlich großen Glück nie ankommen, sondern ihm ständig hinterherrennen, wenn sie nicht zuvor frustriert aufgeben.

Ein mit der Suche nach dem großen Glück verbundenes zweites Unglück besteht häufig in der Vernachlässigung von Freundschaften, Familie, Hobbys. Möglicherweise arbeitet man zu viel oder möchte zu viel erleben und schenkt den kleinen Freuden des Alltags zu wenig Aufmerksamkeit. Sie bleiben auf der Strecke.

Von Blaise Pascal (1623–1662) bis Rainer Maria Rilke (1875–1926) wird immer wieder die menschliche Suche nach dem großen Glück in beruflichem Erfolg und kurzweiligen Zerstreuungen als Versuch interpretiert, Todesangst, Einsamkeit und Langeweile zu entkommen.[3] Pascal macht diese Erkenntnis an der Hasenjagd fest, bei der es gar nicht um das Beutemachen, sondern um den Thrill und Kick des Jagens gehe. Dies sei schon daran erkennbar, dass kein Jäger einen Hasen haben wollte, selbst »wenn [er] ihn geschenkt bekäme«.[4] Wie die Hasenjagd sei die ganze Glückssucherei ein einziges Ablenkungsmanöver, das die Menschen vor Gedanken an den Tod, die eigene Unzulänglichkeit und Leere bewahren soll. Zwar versuchten sie in Zerstreuungen und Alltagsgeschäften zur Ruhe zu kommen, in Wahrheit aber verwickelten sie sich immer weiter in den Zerstreuungen, weil sie die Stille gar nicht aushielten. So verkennten sie ihr wahres Elend, das sich, so Pascal, bloß religiös bewältigen lässt.

Der französische Aufklärer Voltaire (1694–1778) war da anderer Meinung und verteidigte gegenüber Pascal die unstete Lebensweise als wunderbares Mittel zur Bewältigung des menschlichen Elends und betont: »Der Mensch ist zum Handeln geboren [...], Nichtbeschäftigtsein bedeutet das Gleiche, wie nicht zu existieren.«[5]

Solange noch der Pulsschlag des Lebens spürbar ist, kann man offenbar gar nicht anders, als dem Glücksbegehren die Zügel schießen zu lassen. »Eine wohlschmeckende Frucht, der sich begierige Lippen nähern, das ist für mich das Bild des Lebens«, begeistert sich der Romancier und Nobelpreisträger André Gide (1869–1951).[6]

Die veränderte Arbeitswelt und die tausendfachen Angebote des modernen Konsummarkts mit seinen wechselnden Trends und Szenen stellen heute viel mehr als früher in Aussicht, das Dasein in vollen Zügen genießen zu können. Doch vermutlich wollen Glücksjäger und Glückspilze oftmals zu viel auf einmal. Welch ein Unglück im Glück!

Das Bedürfnis, möglichst an allem teilhaben zu dürfen, und zwar sofort, heizt die heutige Multioptionsgesellschaft mit ihren zahllosen Glücksmöglichkeiten unaufhörlich an. Job-, Partner- und Wohnortswechsel gehören einfach dazu. Vom für das Leben Notwendigen bis zum Luxuriösen steht eine riesige Auswahl von Optionen zur Verfügung: das Glück des großen Sortiments (wenn man es sich denn leisten kann).

Doch zu viele Möglichkeiten überfordern. Es frustriert, die Vor- und Nachteile der unterschiedlichen Angebote allein schon aufgrund ihrer schieren Anzahl nicht überblicken zu können. Hinzu kommt, dass wir mit der Entscheidung für die eine Sache zahllose andere Möglichkeiten ausschlagen müssen. Das kann leicht unzufrieden machen. Denn hätte es nicht vielleicht noch eine bessere Option gegeben? Das Unglück des großen Glücks der Auswahl heißt Überlastung, Unfähigkeit, sich zu entscheiden, Angst, etwas zu verpassen. Doch gerade weil das Leben begrenzt ist, möchte man möglichst viel erleben und erreichen.

Verdorbener Fisch

Nehmen wir einmal an, wir bekämen das, von dem wir uns das Glück erhoffen, so macht doch nicht alles, von dem wir uns das Glück versprechen, auch schon glücklich. Wo Glück draufsteht, ist nicht unbedingt Glück drin. Ein leckeres Fischgericht, das wir mit großem Appetit verspeisen, könnte mit Pech auch Übelkeit, Durchfall und Erbrechen hervorrufen, wenn der Fisch verdorben war. Schwerer wiegen der falsche Partner, Beruf oder Freund. Was anfangs ein Glücksgriff zu sein schien, entpuppt sich mit der Zeit als Fehlgriff.

Um solche Risiken zu reduzieren, sollte der umtriebige Glückssucher seine Wünsche vorab kritisch prüfen. So kann man sich nicht nur vor verdorbenem Fisch, sondern vielleicht sogar vor der Wahl des falschen Berufs oder Partners schützen. Auch hier ist es hilfreich, zwischen Wunsch und Interesse zu unterscheiden: Eine übergewichtige Person verzehrt ständig deftige Speisen und Süßigkeiten. Zwar entspricht die Erfüllung dieser Wünsche ihrem Verlangen, doch gefährdet sie hierdurch ihr mitel- und längerfristiges Wohlergehen. Sie läuft Gefahr, das Glück in dem zu verfehlen, in dem sie es zu finden glaubt. Wäre sie rational motiviert, würde sie sich nicht dauernd ungesund ernähren. Obwohl Wunsch und Interesse im Alltag häufig zusammenfallen, folgt das eine nicht notwendigerweise aus dem anderen, wie das Beispiel zeigt. Jedenfalls scheint die Erfüllung aufgeklärter, überlegter, sachlich erwogener Interessen unser Glücksverlangen längerfristig befriedigen zu können. Allerdings setzt solch rationale Glücksbewirtschaftung verständige Urteilskraft beim Einzelnen voraus.

»Der Mangel an Urteilskraft ist eigentlich das, was man Dummheit nennt«, so Kant.[7] Das hat wenig mit zwingenden Wahrheiten und sicheren Beweisen zu tun, sondern lediglich mit mehr oder weniger starken Argumenten, die für sich beanspruchen, überzeugend zu sein, und die gegeneinander abzuwägen sind. Hierzu bedarf es Klugheit und Urteilskraft, zu der vor allem ein gerüttelt Maß an Augenmaß und ein Sinn für Angemessenheit gehören. Allerdings bleibt die Reichweite menschlicher Klugheit begrenzt. Niemand kann vorhersagen, ob man eine Ehe führen oder einen Beruf ausüben und dabei glücklich(er) sein wird.

Das Unglück dieses Glücks beruht nämlich darauf, dass wir zum einen unseren Wünschen zu schnell nachgeben, während wir zum anderen auch nach reiflichen Überlegungen nicht genau wissen, ob unsere Entscheidungen unseren Interessen entsprechen und ob diese unserem mittel- und längerfristigen Wohlergehen dienen werden. Jedoch tut es ein ums andere Mal auch gut, unvernünftig zu sein. »Leichtsinn ist das Beste, was wir haben«, meinte schon Fontane.[8]

Verführerische Schokolade

Voller nervöser Daseinslust vernachlässigen wir zuweilen unsere Interessen. Manche rauchen jeden Tag ein Päckchen Zigaretten, trinken zu viel Alkohol, treiben zu wenig Sport, leben ziemlich ungesund. Trotz ausgeprägter Urteilsfähigkeit und Aufgeklärtheit handeln sie gegen ihre Interessen, weil sie nicht hinreichend motiviert sind, gesünder zu leben. Es fällt ihnen schwer, ihre längerfristigen Interessen gegen ihre schädlichen Wünsche durchzusetzen.

Kurzfristige Glücksversprechen sind viel zu verführerisch, als dass man ihnen immer ausweichen könnte, obgleich man ihr bedrohliches Potential kennt. Viele wollen nicht jedes Mal der Schokolade, den Chips und dem fetten Essen widerstehen, von stundenlangem Sonnenbaden bis hin zu euphorisierenden Drogen im Technoclub ganz zu schweigen.

Damit wir schneller und intensiver Glück erleben können, stellen wir nicht selten einen Direktkontakt zwischen unserem neuronalen Glückssystem und stimulierenden Substanzen und Ereignissen her. Wir schließen unseren Körper gleichsam mit Zigaretten, Alkohol, Koks oder anderen psychoaktiven Stoffen, mit starker Sonneneinstrahlung oder gesundheitlich fragwürdigen Nahrungsmitteln kurz. Wie leicht doch lassen sich die Glücks-An-und-Aus-Schalter bedienen! Im Handumdrehen werden Botenstoff-Rezeptoren im neuronalen Lustzentrum aktiviert – mit der Folge außeralltäglicher Glückszustände.

Nun soll man zwar Maß halten, doch sollte man ebenfalls mindestens ebenso mit dem Maßhalten Maß halten. Denn gelegentlich ist es vernünftig, auch mal unvernünftig zu sein. So sollte es auch Freiräume für eine lockere Lebensart mit irrationalen Wünschen geben. Am Ende stellen sich aber allzu oft viele Glückszustände als Glücksfallen heraus: Sie fühlen sich zu schön an, als dass man noch von ihnen lassen möchte oder könnte. Dabei ist Gesundheitsgefährdung durch Zigaretten, Alkohol und Drogen sogar nur ein Unglück im Glück.

Dazu kommen die Nachwirkungen schon am nächsten

Tag in Gestalt eines Katers oder Hangovers. Abzustürzen ist schön, solange man nicht aufschlägt! Der vorübergehende Verbrauch körpereigener Glückshormone in den künstlich erzeugten Glücksparadiesen führt leicht zu Gefühlen der Leere, Schwermut und Müdigkeit.

Schließlich flacht die Glückskurve schnell ab, wenn das neuronale Glückssystem regelmäßig mit künstlichen Glücksmitteln kurzgeschlossen wird. Die anfänglichen Glückszustände durch Alkohol und andere Drogen lassen sich schon nach relativ kurzer Zeit nicht mehr in gleicher Intensität wiederholen. Es treten Gewöhnungseffekte ein. Auf solche Toleranzen hin werden die Dosen fast automatisch erhöht, um auch künftig die erwünschten Wirkungen zu erzielen. Das Suchtrisiko steigt. Kurz: Der menschliche Körper scheint nicht für permanente Glücksgefühle gemacht zu sein.

Dennoch muss aufgrund der verschiedenen Formen des Unglücks im Sinnenglück nicht auf jede Unvernunft verzichtet werden. Menschen bedürfen besonderer Reservate – Fußballstadien, Technoclubs, Festzelte –, in denen sie ihre vitalen Impulse in Glückszustände verwandeln dürfen. Es macht uns glücklich, gelegentlich über die Stränge zu schlagen. Hierbei erleben viele zum einen tröstliche Erleichterungen als Gegenmittel zum beschwerlichen Alltag ihres sorgenvollen Lebens, das andernfalls leicht als zu hart, aufreibend und mühsam empfunden werden könnte. Zum anderen bietet das ausschweifende Sinnenleben phantastische Erregungen als Gegenmittel zum gleichförmigen Alltag, ohne die das Leben leicht als fade erscheinen könnte.

Vergängliches Glück

Ein großes Unglück im Zusammenhang mit Glück ist dessen Vergänglichkeit und Unbeständigkeit. Glücksgefühle kommen und gehen.

Seit jeher zeichnen Dichter und Denker das menschliche Los in düsteren Farben. Sie vergleichen es mit einem eitlen Traum, mit Nebel, Tau oder Schnee, der in der Sonne zerschmilzt, oder mit Schall und Rauch, den der Wind verweht. »Doch alle Lust will Ewigkeit – will tiefe, tiefe Ewigkeit«, so der Philosoph Nietzsche.[9] Doch gibt es keine zeitlose Beständigkeit. Auf dem Gipfel des Glücks bereiten sich nicht selten unumgängliche Abschiede vor, als ob »die greifbaren Zeichen und Symbole des Glückes und Aufstieges erst erscheinen, wenn in Wahrheit alles schon wieder abwärts geht«, wie Thomas Mann (1875–1955) in seinen *Buddenbrooks* meint.[10]

Aber selbst wenn uns das Glück über einen längeren Zeitraum gewogen bleibt, verfliegt das positive Gefühl doch langsam und stetig. Jemand kann jahrelang an einer schweren Krankheit leiden und große Schmerzen haben, aber niemand über Jahre auf Wolke Sieben schweben. Jedes subjektive Wohlbefinden ermattet über kurz oder lang. Ein Dauervergnügen ohne Genussverschleiß gibt es nicht. Ein Nachlassen der Erlebnisintensität ist unvermeidlich, und die Erklärung hierfür liegt wieder hauptsächlich im Hirn und seinen Botenstoffen.

Johann Wolfgang Goethe in *Vier Jahreszeiten*: »Warum bin ich vergänglich, o Zeus? So fragte die Schönheit. Macht' ich doch, sagte der Gott, nur das Vergängliche schön. Und die

Liebe, die Blumen, der Tau und die Jugend vernahmen's; Alle gingen sie weg, weinend, von Jupiters Thron.«[11] Freilich lehrt uns Vergänglichkeit auch, unser Leben sinnvoll zu nutzen und es bewusst zu führen. Die Vergänglichkeit des Schönen vermag sogar den Genuss des Schönen zu erhöhen und den Sinn für seine Einmaligkeit zu schärfen. Dennoch bleibt Schönheit eine traurige Angelegenheit, zumal wenn man bedenkt, dass selbst das stärkste Gefühl mit der Zeit doch allzu oft in mildes Behagen umschlägt. Auf einmal haben Beruf, Partner, Wohnort ihren beglückenden Reiz verloren. Jedes Glücksgefühl stirbt irgendwie auch an sich selbst.

Macht Geld glücklich?

Geld macht glücklich, sagen die einen; Geld macht nicht glücklich, die anderen, und empfehlen ein bescheidenes Leben, in dem es mehr auf soziale Beziehungen und Gesundheit als auf Reichtum ankommt. Gesundheit und Lebenszeit seien die wichtigsten Ressourcen, die man habe. In der Novelle *Das Glück* von Maupassant verliebt sich ein junges Mädchen aus reichem Hause in einen Unteroffizier, den sie heiratet, obgleich ihr reiche Edelleute zu Füßen liegen. Sie verbringen zwar ein einfaches Leben, aber am Ende bekennt sie: »Er hat mich sehr glücklich gemacht.«[12]

Brüder Grimms Märchen *Hans im Glück* geht einen Schritt weiter: Nach sieben Jahren Arbeit möchte Hans zurück zur Mutter. Der Meister belohnt ihn mit einem Klumpen Gold. Da sein Bündel ihn zu sehr bedrückt, tauscht er das Gold gegen ein Pferd, dieses wiederum gegen eine Kuh, weil Reiten gefährlich und Milch nahrhaft ist. Die Kuh wiederum tauscht Hans gegen ein Schwein, weil die Milch ausbleibt, und das Schwein gegen eine Gans, weil er Gänsefett mag, und die Gans schließlich gegen zwei Schleifsteine, weil Handwerk Zukunft hat. Am Ende fallen ihm beide Steine in einen Brunnen. »So glücklich wie ich«, ruft Hans aus, »gibt es keinen Menschen unter der Sonne!«[13] Unbeschwert begibt er sich auf den Weg nach Hause zur Mutter.

Hans ist ein würdiger Nachfahre des griechischen Philosophen Diogenes von Sinope, der sein Glück gleichfalls in einem Dasein fand, das aller beschwerlichen Lasten ledig war. Als König Alexander der Große im 4. Jhd. v. Chr. ihm jeden Glückswunsch zu erfüllen versprach, soll Diogenes, der in einer Tonne lebte, gesagt haben: »Geh mir aus der Sonne!«[14]

Nun mag Geld nicht automatisch glücklicher machen. Armut ist jedoch auch keine Lösung. Wer mehr hat, kann sich mehr leisten. Zwar mag es stimmen, dass man Glück nicht kaufen kann, aber das Glück, worin es auch liegen mag, wird leichter erreichbar, wenn alles andere für Geld zu bekommen ist.

Nur wie viel Geld braucht der Mensch, um glücklich zu sein? Geldmittel tragen wesentlich dazu bei, notwendige materielle Bedürfnisse zu befriedigen und gesellschaftliche Teilhabe zu ermöglichen. Mehr Kapitalbesitz bedeutet einen Zugewinn an Wahlmöglichkeiten, an Optionen. Abertausende hoffen wöchentlich, den Jackpot der Lotterie zu knacken. Doch ab welchem Jahreseinkommen hat ein Gehaltsanstieg keine weitere Auswirkung mehr auf das Lebensglück, weil man bereits genug hat, um nicht nur Miete und Strom zu bezahlen, sondern sich zusätzlich eine größere Wohnung, ausgedehnte Reisen, teurere Hobbys oder einen Drittwagen leisten zu können?

Diese Frage ist nur schwer mit Zahlen zu beziffern. Entsprechend schwanken auch die Untersuchungsergebnisse. Der Bedarf hängt sowohl von den jeweiligen Lebenshaltungskosten als auch den Bedürfnissen des Einzelnen und diese wiederum vom jeweiligen Naturell sowie dem sozialen Milieu ab, in dem man sich bewegt. Menschen mit wirtschaftlichen oder unternehmerischen Interessen sind im Allgemeinen mehr auf Geld erpicht als Personen mit wissenschaftlichen oder kulturellen Zielen. Trotzdem gibt es vermutlich bei jedem Menschen einen Punkt, über den hinaus das Lebensglück trotz steigenden Jahreseinkommens nicht mehr weiter wachsen wird. Diese Einkommensschwelle fällt unterschiedlich hoch aus, denn Reichtum ist ein relativer Begriff. Manche haben weniger als andere und sind dennoch besser gebettet, weil sie im Gegensatz zu den Reicheren bei der Erfüllung ihrer Wünsche nicht aufs Geld achten müssen oder wollen. Sie haben einfach geringere und weniger kostspielige Wünsche.

Dennoch verbinden die meisten Menschen ein höheres Einkommen mit größeren Glückserwartungen. Denn nun kann man sich noch mehr und Hochwertigeres leisten oder luxuriösere Reisen als zuvor unternehmen. So gesehen macht Geld glücklich und mehr Geld glücklicher.

Allerdings verbergen sich in diesem Glück gleich mehrere Formen des Unglücks. Von einer bestimmten Vermögensschwelle an wird die befriedigte höhere Glückserwartung fast automatisch enttäuscht:

1. Mit mehr verfügbarem Einkommen oder Vermögen

steigen auch die Ansprüche. Es findet eine Anpassung nach oben statt, und dies mit der Konsequenz, dass schon bald die Lebenszufriedenheit auf das alte Niveau zurückfällt. Man gewöhnt sich schnell an die größere Wohnung und das größere Auto, auf das man sich so lange freute. Gerade Neuanschaffungen steigern nur kurz den Glückswert. Bei ständiger Verbesserung der Lebensverhältnisse werden die Menschen nicht automatisch glücklicher. Der komfortablere Lebensstil fühlt sich oft bald genauso wie die vorherige Lebensweise an. Es hat sich eine neue Normalität herausgebildet, bei welcher der Set-Point of Happiness derselbe geblieben ist.

2. Auch im Glück, das sich mit erarbeitetem oder ererbtem Reichtum verbindet, schlummert fast immer Unglück Reichtum kann subjektives Wohlbefinden nicht garantieren, sondern ihm sogar schaden. Denn Wohlstand macht nicht immun etwa gegen die Furcht, diesen Wohlstand auch schnell wieder zu verlieren. Oft verbindet sich mit Reichtum eine ausgeprägtere Besorgnis darum, diesen Reichtum zu erhalten, zu sichern und zu steigern – und das kann das Glück beeinträchtigen. Die Angst vor Verlusten erhöht nicht selten sogar den Druck, das Vermögen immer weiter und weiter zu vergrößern. Wer schon viel hat, will häufig noch mehr. Das schafft eigentlich vermeidbare Zwänge, die ihrerseits wieder vom Glück abhalten.

So arbeitet man unaufhörlich weiter, obwohl man sich schon längst zur Ruhe hätte setzen können. Man glaubt, noch dieses oder jenes erledigen zu müssen, bevor man das Leben endlich in vollen Zügen genießen darf. Hier verhält es sich so wie in der Anekdote von König Pyrrhus, der seinem Berater Kineas in Aussicht stellte, dass er nach Eroberung nur noch einiger weniger Länder sich dann endlich zur Ruhe setzen werde. Verblüfft fragte Kineas hierauf, warum er dies denn nicht sofort tue. Allerdings drängt sich einem in diesem Zusammenhang die Frage auf, ob denn Pyrrhus überhaupt imstande gewesen wäre, die Ruhe zu genießen, deren Genuss er sich lange vorenthielt. Wie schon Pascal meinte: »Man sucht die Ruhe, indem man gegen einige Hindernisse kämpft, und wenn man sie überwunden hat, wird die Ruhe unerträglich wegen der Langeweile, die sie erzeugt«[15] – ein weiteres potentielles Unglück im Glück.

Übertriebenes Feingefühl

Wir leben in unsicheren, von schweren Konflikten geschüttelten Zeiten, die Zukunftsängste besonders auch der jüngeren Menschen wachsen. Außerdem werden unserem Leben eine Reihe von Einschränkungen auferlegt. Immer wieder neue Belastungen drängen viele aus ihrer gewohnten Komfortzone heraus: Wir scheinen in einer Dauerkrise zu leben. Die Anzahl der niedrigqualifizierten Geringverdiener ist auch in der Wohlstandsgesellschaft groß. Viele sind auf staatliche Hilfe angewiesen. Steigende Kosten und Versorgungsprobleme treffen selbst Normalverdiener: Auch der Mittelstand gerät in schwierges Fahrwasser. Und dazu kommt die hohe Anforderung, sein Leben in eigener Verantwortung zu führen. Viele leiden mittlerweile weniger an Unterdrückung als an Überforderung. Es gibt offenbar gute Gründe, misstrauisch gegen die bestehenden Verhältnisse zu sein.

Trotz aller regionalen und globalen Krisen ist der Wohlstand hierzulande jedoch nach wie vor hoch; die ökonomischen und technischen Ressourcen sind groß; bei aller Störanfälligkeit funktioniert das institutionelle Gefüge weiterhin verhältnismäßig gut. So gesehen, hätten die meisten Menschen guten Grund dazu, nicht so miesepetrig zu sein. Doch kritisiert derjenige schnell, der häufig zu hohe Erwartungen entwickelt und zu Überempfindlichkeit neigt. Ungeachtet verbesserter Lebensverhältnisse fühlen sich viele Bürger keineswegs glücklicher als frühere Generationen. Das ist ein Unglück im Glück.

Genauer betrachtet hat dieses Unglück aber nichts mit Undankbarkeit zu tun, sondern folgt aus der Gewöhnung an alltägliche Entlastungen, die, erst einmal zur Selbstverständlichkeit verstetigt, die Menschen unempfindlich für deren eigentlichen Wert werden lassen.

Dazu passend führen die heutigen Entlastungen medizinischer, technischer, ökonomischer und politischer Art einerseits zu einem überzogenen Anspruchsdenken: Obwohl wir weiter in einer Welt zuvor nie gekannter Freiheit, sozialer Absicherung und Bequemlichkeit leben, verlangen viele nach immer weiter reichenden Lebens- und Sinnangeboten – entsprechend dem Grundsatz: Je besser es dem Einzelnen geht, umso mehr benötigt dieser, damit er sich auch weiterhin besser fühlt!

Dieses Phänomen lässt sich mit Hilfe des sogenannten abnehmenden Grenznutzens erklären: Ein Kind spielt mit seinem allerersten Spielzeug mehrere Tage. Wäre dasselbe Spielzeug sein fünfzigstes gewesen, so hätte es sich wahrscheinlich nur noch für kurze Zeit mit ihm beschäftigt. Damit das fünfzigste Spielzeug die gleiche Wirkung wie das erste erzielen kann, muss es erheblich größer oder interessanter oder teurer ausfallen als das erste Spielzeug. Entsprechend verlangen Menschen mit verhältnismäßig hohem Lebensstandard und gesteigerter Lebensqualität zuweilen ziemlich viel, und zwar nicht aus dem Grunde, weil sie unverschämt wären, sondern weil sie sonst gar nicht spüren würden, dass sie überhaupt erneut etwas bekommen haben. Umgekehrt empfinden sie es allzu leicht als Verlust ihrer Annehmlichkeiten, wenn sie Abstriche an ihrem bisherigen vergleichsweise sehr hohen Lebensstandard machen müssen. Das ist ein tragisches Unglück im Glück.

In diesem Sinne führen die heutigen Entlastungen andererseits zu einer Überempfindlichkeit gegenüber den verbliebenen Missständen. Denn irgendetwas fehlt ja immer. Und im Allgemeinen nehmen wir Mängel stärker als Erfüllungen wahr. Wer die Krankheit nicht kennt, spürt die Gesundheit kaum. Das Unglück im Glück der Gesundheit liegt darin, dass wir unser Wohlsein meist erst nach überstandener Krankheit und dann oft nur für kurze Zeit genießen. Häufig wissen wir, was wir haben, erst nachdem wir es gehabt haben. Darum nimmt die Unzufriedenheit in einem unbeschwerteren Leben nicht zwangsläufig ab, weil man sich zu schnell an Entlastungen gewöhnt. Viele Bedürfnisse treten in den Hintergrund, weil deren Befriedigung institutionell und politisch so weit geregelt ist, dass sie nicht mehr wahrgenommen und somit nicht mehr wertgeschätzt wird.

Das einfachste Beispiel liefern die gefüllten Regale im Supermarkt. Mit den verbesserten Lebensverhältnissen hält deren Würdigung nicht Schritt. Der Sinn dafür, dass wir auf alles leicht und vergleichsweise preiswert Zugriff haben, stumpft ab. Ein weiteres heikles Unglück im Glück!

Stattdessen entwickeln viele ein verfeinertes Gespür für das, was noch oder plötzlich fehlt, mag dieses auch im Vergleich mit einstigen Defiziten eigentlich vernachlässigenswert sein. Ein ärgerlicher Effekt hoher Entlastungen liegt also nicht nur darin, dass Zufriedenheit allmählich abnimmt oder verblasst, sondern dass ebenso die Sensibilität für das wächst, was noch oder auf einmal fehlt. Dadurch wird besagte Zufriedenheit ein Stück weit zunichtegemacht. Wie Marquard betont,[16] finden die Menschen im Extremfall den Sündenbock für die unausrottbaren Restprobleme häufig sogar in dem, durch das es ihnen überhaupt erst gutgeht: die Parlamentarische Demokratie, Europäische Union, die Nato, die Schulmedizin. Welch ein Unglück im Glück!

Die große Liebe

Es gibt das Glück der großen Liebe, in der Menschen selig dahinschweben. Heute wissen wir, dass hinter jeder Anziehung wie erwähnt körpereigene Substanzen und nicht göttliche oder dämonische Krafte stehen. »Und wenn's nichts wäre als das, als vorübergehende Phantome, so macht's doch immer unser Glück«,[17] bekennt Goethes *Werther.* Gerade zu Beginn gleicht die Liebe einer Zaubertruhe voll traumhafter Versprechen. Selig verliebt, erlebt man jede Begegnung mit dem neuen Partner als Erfüllung über Erwarten: ein Fest des Glücks. Verliebte wollen nicht nur das Geständnis »Ich liebe dich«, sondern auch den Schwur »Ich werde dich ewig lieben« hören.

Allerdings verleiht die stille Hoffnung auf Zeitlosigkeit der engen Verbindung schon bald einen quälenden Zug. Bis zur nächsten Begegnung plagt die Liebenden ein sehnsüchtiges Ziehen, obwohl ihre untergründige Nähe die schmerzhafte Trennung überbrückt. Kaum zu ertragen ist vergebliches Warten, sei es auf einen Anruf oder die Person selbst. Bange Sorge und Unruhe wird stärker. Meldet sich oder kommt die ersehnte Person endlich, ist man voller Dankbarkeit und Freude, gelegentlich aber auch voller Vorwürfe und Verärgerung, wenn man allzu lange hat warten müssen. Verliebte sind äußerst verletzlich. Sie haben Angst, einander und damit auch sich zu verlieren.

Ein Schattenbild dieser Angst ist die Eifersucht. Oft ist Liebe nicht großzügig, sondern misstrauisch. Im Zustand starker Verliebtheit, ein chemisch induzierter Wahnsinn, kann jede Vorstellung wehtun, dass andere Personen mit der oder dem Geliebten irgendwie zu tun haben könnten. Eifersucht ist eine biologisch verankerte Neigung, die selbst dort fortexistiert, wo die Begierde von der Fortpflanzung abgekoppelt ist. Ihr Ursprung liegt wohl letztlich in der Angst von Männern begründet, die Partnerin könne das Erbgut von Rivalen aufnehmen, so dass die eigenen fürsorglichen Investitionen fremdem Nachwuchs zugutekämen. Aus biologischer Sicht ängstigen sich Frauen ihrerseits davor, dass der untreue Parnner die Kinder und sie vernachlässigen könnte. Ähnlich wie schmerzhafte Sehnsucht und unruhiges Warten ist Eifersucht ein Unglück im Glück der Liebe!

In der Verliebtheit wird Eifersucht aber nicht unweigerlich als Einengung, sondern oft auch als Wertschätzung empfunden. Nur wenn die intensivsten Gefühle abflauen, die Eifersucht aber weiterbesteht, hat dies nicht mehr viel mit Wertschätzung zu tun, sondern – außer mit Angst, verlassen zu werden, und dem Verlust bewährter Gewohnheiten – eher mit kontrollierender Besitzgier.

Freilich können Gespräche und Beratungen helfen, Eifersucht einzuhegen und abzubauen. Offene Beziehungen beweisen, dass es auch ohne Eifersucht geht. Trotzdem bleibt die Situation prekär, weil Eifersucht (wie tatsächlich auch Vielehe bzw. Polygamie) zum biologischen Erbe der Menschheit gehört. Da beide Neigungen tendenziell einander widersprechen und sich vermutlich niemals gänzlich ausschalten lassen, wird dieser Konflikt wohl auch fortbestehen.

Das größte Unglück im Glück der Liebe ist aber ihre Vergänglichkeit. Früher oder später lassen nahezu unausweichlich die großen Gefühle nach. Geradezu machtlos müssen Liebende zusehen, wie das Kribbeln einschläft, die erotische Sensation schwindet, die sexuelle Anziehung abhandenkommt, wofür mehrere Botenstoffe verantwortlich zeichnen. So pegeln etwa die vermehrte Ausschüttung von Vasopression und Oxytocin beim Mann den Testosteronspiegel herunter. Auch der Dopamin- und Noradrenalinspiegel sinkt nach längerer Gewöhnungsphase. Infolgedessen verringert sich die sexuelle Aktivität aufgrund großer Vertrautheit und Nähe. Irgendwann kommt der Tag, an dem einem klar wird, dass man nie mehr einen verliebten Nachmittag mit seinem Partner verbringen wird. Die uralte Erfahrung der Flüchtigkeit und Hinfälligkeit alles Menschlichen macht vor der Liebe nicht Halt. »Das Beste hält nicht lange vor und sträubt sich gegen Dauer: der erste Moment ist poetisch, der zweite kaum noch und der dritte gewiß nicht mehr«,[18] schreibt Fontane in seinem Roman *Cécile*. So werden aus Verliebten am Ende oft nur zuverlässige Lebensgefährten, die sich zärtlich mögen und gut verstehen.

Ausbrüche aus dem Alltag

Selbst der zufriedene Durchschnittsbürger, der die Wonnen der Gewöhnlichkeit zu genießen vermag, spürt gelegentlich, wie diffuse Sehnsüchte ihn aus seinem gewohnten Alltag hinausdrängen. Diese »pflegen sich zumeist auf dem Gipfel des Glücks einzustellen, wo es keine großen Wünsche mehr gibt«, befürchtet der russische Schriftsteller Iwan Gontscharow.[19] In seinem Roman *Oblomow* befällt Olga in der Mitte ihres Lebens eine traurige Langeweile, obgleich sie einen guten, zärtlichen Mann, ein gesundes, fröhliches Kind, eine Menge Geld und Freizeit hat. Trotzdem genügt Olga ihr glückliches Leben mit einem Male nicht mehr. Ihr objektives Wohlergehen stimmt mit ihrem subjektiven Wohlbefinden nicht mehr überein. Sie wird ihres ruhigen Glücks überdrüssig und sehnt sich nach aufregenden Abenteuern.

Ist ihre Langeweile eine nervöse Verstimmung oder Produkt ihrer überreizten Einbildungskraft? Ergibt sich ihre Trauer vielleicht aus ihrer Frühreife, die sich nicht mehr weiterzuentwickeln vermag? Oder zeugt ihre schwermütige Sehnsucht von überschäumender Kraft, die sich nicht entfalten kann?

Wo Not und Kummer herrschen, gibt es derlei Überdruss am Überfluss nicht. Dort hat man weder Sinn noch Zeit, sich solchen Launen hinzugeben. Darum warnt Andrej seine Frau eindringlich:

> Sieh zu, dass das Schicksal dein Murren nicht hört und es nicht für Undank hält! Es liebt nicht, wenn man seine Gaben nicht zu würdigen weiß. … Ja, warte nur, wenn das Leben dahinstürmt, wenn Kummer und Mühsal nahen … Sie werden nahen … Schone deine Kräfte![20]

Klarsichtig blickt Olga fortan in die Zukunft, wo Krankheiten, Verluste und Entbehrungen auf beide warten. Sie verspürt auf einmal wieder eine große Nähe zu Andrej. Erotische Leidenschaft jedoch empfindet sie nicht mehr für ihn. Ein Gefühl zärtlicher Liebe und Verbundenheit ist an die Stelle ihrer Leidenschaft getreten. Olga und Andrej finden wieder zueinander und können so die künftigen Altersnöte besser überstehen.

Irgendwann setzt gelungene Zweisamkeit nicht mehr emotionale Wirbelstürme, sondern zärtliche Zuneigung füreinander und Achtung voreinander voraus. Schwergeprüften gleich, die das Unglück zu Gefährten macht, finden auf diese Weise manche wieder zueinander, wenn sich ihnen das Leben von seinen dunkleren Seiten zeigt. Dann ist Hilfsbereitschaft aus Liebe und Freundschaft vielleicht sogar das Beste, mit dem sie ihren Sorgen begegnen können. Aus Sexualpartnern sind Komplizen geworden, die sich wie Strebepfeiler gegenseitig stützen.

Leidenschaftslos konstatiert Joseph von Eichendorff, dass »nichts langweiliger als das Glück« ist.[21] Solch nüchterne Einschätzung wirkt erstaunlich, gelten Romantiker doch als Glückssucher. Genau das aber ist der Punkt: Romantiker sind fahrende Gesellen, Wanderer, Getriebene auf der Suche nach der so schwer zu findenden blauen Blume. Erreicht man das Ziel, bedeutet das für sie das Ende ihres Sehnens, nicht aber Glück, sondern Langeweile und Verdruss. Jedoch müssen sie sich davor eigentlich nicht fürchten, weil das gesuchte Glück sowieso eher unerreichbar ist. Zum Unglück im Glück gehört der Wunsch, lieber auf der vermeintlich grüneren Wiese über dem Tal leben zu wollen.

Diese Sehnsucht beschreibt den existenziellen Gegensatz zwischen einem gegenwärtigen Hier, an dem man sich gerade aufhält, aber nicht so richtig wohlfühlt, und einem abwesenden Dort, zu dem man gerne hinmöchte, aber nicht hinkann. Hegel nennt den Gegensatz das »unglückliche, in sich entzweite Bewusstsein«.[22] Dieses findet, was es nicht sucht, und sucht, was es nicht findet. Der von Tagträumen geprägte Gegensatz zwischen unerfülltem Hier und unerreichbarem Dort kann dreifach Gestalt annehmen:

1. Das unglückliche Bewusstsein entpuppt sich oft als nichts anderes als nach vorne gerichtete Sehnsucht: eine Utopie, die von einer besseren Zukunft die Erfüllung menschlicher Träume erwartet. Einige Religionen deuten das menschliche Leben als Pilger- und Wanderschaft, bis die Gläubigen ihre letzte Heimat erst im Jenseits finden werden. Ähnlich zukunftsorientiert sind politische Utopien.

Doch nicht selten richtet auch der Einzelne sein Leben auf die Zukunft in dieser Welt aus. Er hofft auf die große Liebe, sehnt sich nach der Zeit, wenn die Wohnung bezahlt ist, die Kinder aus dem Haus sind. Nach dem Ruhestand soll alles besser werden. Man glaubt an ein Happy End.

2. Oft äußert sich der Gegensatz zwischen unerfülltem Hier und unerreichbarem Dort in einer rückwärtsgewandten Sehnsucht. Dann verwandelt sich die religiöse, politische und existenzielle Utopie in Nostalgie. Hierher gehören alle Vorstellungen vom verlorenen Paradies, vom Goldenen Zeitalter, von der Traumlandschaft Arkadien, aber auch der wehmütige Rückbezug auf vergangene Stationen des eigenen Lebens: die verlorene Kindheit und Jugend. Wer so denkt und fühlt, lebt nicht mehr im Hier und Jetzt, sondern träumt sich in das Idyll der guten alten Zeit zurück, die meist aber verklärt wird, also nie so Gegenwart war, wie sie erinnert wird.

3. Verlegen also die einen das ersehnte Glück in die Zukunft, andere in die Vergangenheit, so Dritte an einen Ort, wo man sich im Moment nicht aufhält – gemäß Franz Schuberts Lied »Der Wanderer«: »Wo du nicht bist, dort ist das Glück.« Für die einen liegt das Glück auf den Partymeilen der Metropolen, für andere in dem Land, wo die Zitronen blühen, für wieder andere auf unberührten Südseeinseln.

Fernweh – Heimweh

Seit jeher wird befürchtet, dass das unstete Reisen vergebliche Glückssuche sei. Der portugiesische Schriftsteller Fernando Pessoa ist da eindeutig: »Reisen? Existieren ist reisen genug.«[23] Der Tourismus der mobilen Erlebnisgesellschaft hat ungeahnte Ausmaße angenommen. Viele Menschen versuchen anscheinend, sich durch dauerndes Reisen selbst zu entfliehen – obwohl man sich doch gar nicht entfliehen kann, nimmt man sich doch immer selbst auf die Reise mit. Häufig spiegeln solche Fluchttendenzen, sei es hin zu fremden Kulturen oder vergangenen oder zukünftigen Zeiten, viel eher eigene Nöte und Sorgen wider.

Selbstverständlich gibt es auch ein Reiseglück, in dem das Unglück aber in zweifacher Gestalt lauert:

Da sind zum einen ruhelose Nestflüchter, die, von Fernweh getrieben, stets unterwegs sein möchten. Sobald sich eine Gelegenheit ergibt, sind sie außer Haus. Nur kommen sie nirgendwo an und halten es fast an keinem Ort länger aus. Ihr Verhältnis zur Welt bleibt immer und ohne Ausnahme zukunftsorientiert: im Wortsinne utopisch (kein-Ort). Umherziehenden Nomaden ähnlich, sind Weltenbummler ständig auf dem Wege. Unentwegt leben sie im Aufbruch. Das Unglück dieses Glücks besteht aus rastloser Getriebenheit. Der unstete Nestflüchter bleibt stets auf der Suche nach Heimat.

Demgegenüber gibt es den häuslichen »Nesthocker«, der am liebsten zu Hause veweilt. Der Nesthocker wohnt gerne. Es existiert kein eigener Begriff zu dieser Alternative zum Reisen als Lebensform. Am ehesten könnte sich der Begriff »wohnen« eignen.

Aus Dänemark und Norwegen kennt man das sogenannte Hyggen. Dies bedeutet so viel wie »Gemütlichkeit« und »Wohlgefühl« mit einem bestimmten Wohn- und Lebensstil. Als Hygge versteht man einen Ort, der Behaglichkeit ausstrahlt. Sich hyggelig auszustatten, bedeutet, sich wohnlich einzurichten. Hyggen ist Wohnen als Lebensform.

Und wo gewohnt wird, dort gibt es Gewohnheiten. Die Wohnung kann zur zweiten Haut werden, zu einer Haut, die vor der Außenwelt schützt und Geborgenheit stiftet. Dann wird die Haut zu einem Teil ihrer Bewohner. In ihr können diese geschützt ganz sie selbst sein. Deshalb lassen sie ihre Gäste manchmal auch nicht in alle Räume hineinschauen. Das würde sie zu sehr verraten.

Doch sosehr die Wohnung ein Schauplatz individueller Selbstentfaltung sein kann, in der man sein Leben vor sich selbst inszeniert, ist sie zugleich ein Ort performativer Selbstverwirklichung, eine Bühne, auf der man seinen Lebensstil vor anderen auch offen präsentieren kann. Einrichtung, Design, Wohnlage sagen viel über ihre Bewohner aus. Sowohl das hyggelige wie das in den Social Media gepostete Zuhause leistet anscheinend einen Beitrag zum eigenen Lebensglück.

Trotzdem begibt sich selbst ein sesshafter Nesthocker oft auch gerne auf Reisen. Allerdings treibt ihn vielleicht nicht so sehr utopisches Fernweh, sondern nostalgisches Heimweh um. Möglicherweise hofft er, irgendwo eine zweite oder dritte Heimat zu finden. Hat er erst einmal sein ersehntes Urlaubsparadies in der Realität entdeckt, beschleicht ihn schnell das Gefühl, zu Hause angekommen zu sein, obwohl seine Wurzeln andernorts liegen. Es gibt Ferienziele, an denen man sich sofort zu Hause fühlt. Solche machen nachdenkliche Gemüter wehmütig, als ob sie zu vergangenem Glück zurückgekehrt wären. Einmal entdeckt, suchen Nesthocker derlei Orte vermutlich gerne regelmäßig wieder auf. Dies hängt nicht allein mit dem schönen Urlaubsgefühl zusammen, das etwa komfortable Wellnesshotels hervorrufen, wenn sie für behaglichen Aufenthalt sorgen. Am Urlaubsort nehmen Nesthocker das Gefühl, zu Hause zu sein, oft bewusster wahr als in den vertrauten Räumen daheim, wo Alltagsprobleme und Routinen ihren Sinn für wirkliche Heimat vielleicht abstumpfen lassen. Manchmal fühlen wir uns im eigenen Zuhause sogar wie Fremde und erst in der Fremde zu Hause, sofern diese emotional berührt, Wohlbehagen schenkt und Frieden ausstrahlt.

Reisen und Wohnen sind für Nestflüchter und Nesthocker oft Lebensglück. Das Unglück dieses Glücks besteht im utopischen Fernweh der einen und im nostalgischen Heimweh der anderen. Während für Nestflüchter jeder Ort nur ein Zwischenstopp auf dem Weg zu neuen Zielen ist, wird auch die Sehnsucht nach Heimat in Nesthockern selbst an jenen Orten nicht gänzlich gestillt, an denen sie dann doch kurzfristig das Gefühl haben, nach Hause gekommen zu sein. Dies hängt damit zusammen, dass selbst am Urlaubsort, an dem sie auch ohne ihre vertrauten Dinge sich zu Hause fühlen, letztlich nur eine Idee von Heimat erlebbar wird, aber nicht diese selbst. Dafür ist schon das Leben am Urlaubsort zu episoden- und märchenhaft.

Melancholie des Gelingens

Wo der leidenschaftliche Doppelkampf ums Dasein und Glück zum zeitweiligen Erfolg führt, dort kann leicht eine emotionale Leere und trübe Langeweile entstehen, kurz: ein Unglück im Glück

Nehmen wir einmal an, die Sehnsucht sei völlig befriedigt, das ewige Glück erlangt und Ruhe eingetreten. Wie oft befällt die Menschen dann Schwermut, eine »Melancholie der Erfüllung«,[24] wie dies der Philosoph Ernst Bloch (1885–1977) nennt. Denn das Glücksgefühl ist wie erwähnt auf der vorletzten Stufe, bevor wir es erreichen, oft größer als auf der letzten. Dieses merkwürdige Unglück im Glück des Gelingens kann mehrerlei bedeuten.

1. Was passiert, wenn, nachdem man seine Ziele erreicht hat, keine neuen Aufgaben sichtbar werden? Die Prüfung ist bestanden, die Hochzeit gefeiert, das Haus gebaut, aber: Was jetzt?

2. Was passiert, wenn nun die Anspannung schwindet und infolgedessen man nur noch erschöpft ist?

3. Und schließlich: Was passiert, wenn man am Ende entäuscht ist?

Trotz intensiver Erlebnisse, Höhepunkte und Gipfelsiege beschleicht einen schließlich doch eine merkwürdige Traurigkeit. Irgendwie fehlt immer noch etwas. Auf eindrucksvolle Weise hat Thomas Mann dieses Phänomen in seiner Erzählung *Enttäuschung* beschrieben:

Hier treffen sich zufällig zwei ältere Männer in Venedig auf dem Markusplatz und kommen miteinander ins Gespräch. Während der eine erzählt, dass ihm allerlei im Leben misslang, darf der andere feststellen, dass er großes Glück hatte. Doch blieb auch er enttäuscht. Als leidenschaftlicher Natur- und Kulturliebhaber wollte er alle Sehenswürdigkeiten dieser Erde sehen, und dies gelang ihm auch. Allerdings musste er ernüchtert feststellen:

> Es ist schön. Und doch: Schöner ist es nicht? Das ist das Ganze? … Ist es nötig, dass ich Ihnen auch von meinem

Glücke spreche? Denn auch das Glück habe ich erlebt, auch das Glück hat mich enttäuscht.[25]

Doch warum sind selbst starke Erfüllungen so anfällig für Enttäuschungen? Vermutlich hängt dies mit unserer Einbildungskraft zusammen. Unsere Phantasie lässt uns von einem Glück träumen, hinter dem die Wirklichkeit selbst dann zurückbleibt, wenn uns all unsere Wünsche erfüllt werden. Denn unsere Tagträume sind bisweilen stärker als die Wirklichkeit in ihrer erdenklich besten Form. So blamieren unsere Wunschträume die reale Welt selbst dort, wo sie all unsere Sehnsüchte befriedigt.

Natürlich kann es uns passieren, dass uns die Wirklichkeit auch positiv überrascht, etwa deshalb, weil die Dinge noch schöner sind, als wir sie uns vorstellen. Dies irritiert, solange man damit nicht gerechnet hat. Aber dann?

Muße ohne Muse

Bisweilen enttäuscht das Glück, weil es in uns nicht die erhoffte Resonanz hervorruft. Unsere Beziehung zum Leben und zur Welt bleibt neutral, kalt und stumm: Endlich Urlaub, den man herbeisehnte. Und nun das! Die Almwanderungen oder Strandspaziergänge bringen nichts zum Schwingen. Es gelingt nicht, sich mit der Natur besonders zu verbinden. Sosehr man sich auf das Meer oder den Konzertabend freute: Sie berühren und begeistern einen nicht. Es vibriert nichts zwischen dem eigenen Selbst und der schönen Landschaft, über die man mit sich selbst doch in eine intensive Beziehung treten wollte. Die erhofften Resonanzerfahrungen bleiben aus. Der Muße fehlt die Muse. Welch ein Unglück im Glück! Anstatt dass die schöne Aussicht, die großartigen Kunstwerke, die blaue Stunde am Meer uns in Hochstimmung versetzen, macht sich eine teilnahmslose Trägheit breit.

Allerdings gehört auch diese Enttäuschung zum Glück. Vielleicht belastet einen noch die Erschöpfung von der Arbeit? Oder man ist nicht in guter Verfassung? Womöglich hat man noch nie gelernt, sich für die schönen Seiten von Leben und Welt zu öffnen? Muße ohne Muse bleibt leer, Muse ohne Muße bleibt oft gehemmt!

Häufig geben wir in den Social Media unserer erahnten Belanglosigkeit einen Anstrich von Bedeutsamkeit. So zeigen wir Urlaubsbilder, die Wohnungseinrichtung und uns selbst. Nachdem wir uns auf diese Weise der Schönheit des eigenen Lebens vergewissert haben, laden wir andere dazu ein, zu bewundern und zu vergleichen, ein Ranking aufzustellen. Sie sollen uns um unser Leben beneiden und diesem unseren Leben auf diese Weise eine Rechtfertigung geben. Außerdem sollen sie für sich selbst prüfen, wo sie eigentlich selbst in puncto Attraktivität, Lebensstil, Bildung und Einkommen stehen. Doch ist dies nach außen getragene Glück häufig so wenig echt wie die künstlich lächelnden Gesichter auf den Urlaubsbildern.

Ein Gegenbild hierzu zeichnet Rousseau im fünften Streifzug seiner *Träumereien eines einsamen Spaziergängers*. Hier erteilt der Philosoph jeder performativen Selbstanpreisung, die ihre Kraft aus dem Vergleich mit anderen bezieht und sich von deren Lob abhängig macht, eine radikale Absage. An Stelle dessen beschreibt er das Glück als erfüllte Selbstgenügsamkeit, die er selbst auf der St.-Peter-Insel im

Bieler See / Schweiz erleben durfte – sei es, dass er, in einem Boot auf dem Rücken ausgestreckt, sich auf dem Wasser treiben ließ, sei es, dass er, am Ufer sitzend, das Spiel der Wellen beobachtete. »Was eigentlich genießen wir in solch einer Stimmung? Nur uns selbst und unser eigenes Dasein, nichts jedenfalls, das außerhalb von uns wäre.«[26] Solche Momente einsamen Beisichselbstseins sind für Rousseau das höchste Glück. Losgelöst von allen Hoffnungen, Ängsten und sozialen Bindungen lassen jene stillen Momente ihm nichts zu wünschen übrig. Er stellt diesem Beisichselbstsein das Außersichsein, die performative Selbstdarstellung gegenüber, die Vergleiche mit anderen anstellt und um deren Bewunderung buhlt. Nur: Wie viele Menschen kennen den vollkommenen Zustand einsamen Glücks überhaupt?

Fragwürdiges Altersglück

Sofern man körperlich und geistig fit bleibt, über ausreichendes Einkommen verfügt und sich irgendwie seine Heiterkeit bewahrt hat, kann das Alter eine Art große Ferien werden, in denen man sich unterbieten darf, weil man sich nichts mehr beweisen muss. Dies sorgt für Entspannung. Man lernt, die Dinge eher laufen zu lassen. Ehemalige Hauptsachen erscheinen als Nebensachen. Es mag seltsam klingen: Ein Glück des Alters liegt in der Chance, fast von niemandem mehr beachtet, verehrt und begehrt zu werden. Jetzt kann man endlich ungestört leben, vorausgesetzt natürlich, dass es die Kräfte und Umstände erlauben.

Es scheint unmöglich, Vergnügungen nachzutrauern, nach denen einem nicht mehr der Sinn steht. Der hormonelle Boykott der Lust bedeutet nicht nur baldige Ermüdung, sondern auch größeren Seelenfrieden. Wenn bei fortgeschrittenem Alter die körpereigenen Glückshormone auf einen niedrigeren Pegel absinken, der Organismus gebrechlicher und schwächer wird, dann ist schon Ruhe das Glück, weil jetzt das bloße Existieren bereits erschöpft. Dies kann dazu beitragen, dass ältere Menschen mitunter zufriedener sind als jüngere Menschen.

Doch bevor es mit der starken Vitalität zu Ende geht, möchten nicht wenige ihr Leben noch einmal in vollen Zügen genießen, was Theodor Storm so ausdrückt:

> Lass einmal noch durch meine Brust
> des vollsten Lebens Schauer wehn,
> eh seufzend in die große Nacht
> auch meine Sterne untergehn.[27]

Solange noch ein wenig Glut glimmt, findet man sich nicht so leicht mit dem Lustverlust ab, selbst wenn die Kohle rar geworden ist, das Feuer noch einmal anzufachen. Eine Zeitlang können Hormonkuren und vergleichbare Zaubermittel älteren Menschen zu Last-Minute-Abenteuern verhelfen. Irgendwann aber schwindet oft selbst die Lust auf solche Abenteuer.

Dann quält vielleicht nur noch der Widerschein vergangener Leidenschaften. Denn trotz des hormonellen Sabotageakts erhält auch nach dem Druckverlust die Erinnerung an höchste Glücksmomente noch eine Zeitlang eine gewisse Lust auf Lust am Leben. Wehmütig und dankbar erinnert man sich der Augenblicke grenzenlosen Glücks und wunderbaren Gelingens.

—

So ist selbst dem Glück des Alters eine Menge Unglück eigentümlich. Von den natürlichen Altersgebrechen abgesehen, den Vorboten des Todes, muss der Einzelne mit einer Reihe von Entbehrungen und der eigenen Entbehrlichkeit fertig werden. Es fällt nicht immer leicht, zu akzeptieren, dass sich Fenster schließen, ohne dass sich neue Fenster öffen. Freilich ist das Alter nicht bloß ein Endspiel, sondern auch ein Hochsitz, der einen guten Blick auf das Leben ermöglicht. Von dieser Warte aus sieht man, dass es mit den meisten großartigen Dingen und Genüssen vielleicht doch nicht so viel auf sich hat.

Dem entgegnet der Philosoph Friedrich Nietzsche (1844–1900): »Wer über sein Tages- und Lebenswerk nachdenkt, wenn er am Ende und müde ist, kommt gewöhnlich zu einer melancholischen Betrachtung: dies liegt aber nicht am Tage und am Leben, sondern an der Müdigkeit.«[28] Das nüchterne Urteil am Lebensabend verkennt leicht die Frische des Morgens, als das Leben noch voller Elan war. Mitten im Schaffen und Genießen, wenn das Dasein noch vor Kraft strotzt, können wir gar nicht anders, als das Leben wichtig zu nehmen.

Das stimmt zwar, ergänzt aber lediglich die Beobachtung insbesondere älterer Menschen, wie geringfügig und letztlich unerheblich doch alles Menschliche ist. Allerdings wird auch deren Blick gelegentlich durch ihre Geltungssucht und die Unfähigkeit, aufhören zu können, getrübt, was Fontane so kommentiert: »Einen unsagbar traurigen Eindruck machen die Streber auf mich und nun gar die, die erst ruhig sterben, weil sie auf dem Totenbett noch Orden empfingen. Wie klein, wie armselig.« Am Ende rückt die Endlichkeit alles zurecht.

Wie viel Glückstalent hat der Mensch? Ein Ausblick

Die menschliche Glücksbegabung ist beschränkt. Das Glücksstreben stößt auf äußere wie innere Hindernisse. Das moderne Glücksprojekt blendet beide Formen von Hindernissen weitgehend aus. Die Kultur positiver Lebensgefühle erliegt damit einem naiven Optimismus. Dessen kritische Hinterfragung läuft weniger auf einen pessimistischen als vielmehr auf einen realistischen Standpunkt hinaus. Nur: Glück und Glas, *warum* bricht das?

Als *äußere Widerstände* führte ich die Auswirkungen unverfügbarer Zufälle auf die menschlichen Glückserfahrungen, Glücksvorstellungen und Glückschancen an. Insbesondere dem Scheitern wurde große Beachtung geschenkt, das im modernen Glücksprojekt eher verharmlost wird. Schließlich habe ich die mangelnde Berücksichtung gesellschaftlicher Einflüsse auf das Glücksleben der Menschen kritisiert. Dabei zeigte sich, dass die am Individuum orientierte Kultur positiver Gefühle nicht nur den Einzelnen häufig überfordert und sich am Menschenbild der neuen Mittelschicht orientiert. Zudem wurde deutlich, dass die modernen Glücksnarrative dem Wohlergehen ganzer Bevölkerungsgruppen abträglich sind, weil sie gesellschaftliche Veränderungen verhindern, die dem eigentlichen Wohlbefinden dieser Gruppen zugutekämen. Die modernen Glücksrezepte und Glückskonzepte stimmen mit den bestehenden Verhältnissen weitgehend überein. Sie passen zu einer neoliberalen Ökonomie.

Als *innere Hindernisse* zeigte ich verschiedenste Facetten

des Unglücks im Glück auf. Das Glück selbst zieht eine Reihe negativer Erfahrungen nach sich. Diese verblüffende Erkenntnis scheint der Kultur positiver Emotionen völlig zu entgehen. Schlimmer noch: Das moderne Glücksprojekt verkleistert diese Sprünge und Risse mit einem unrealistischen Optimismus.

Nun muss man die optimistische Kultur positiver Lebensgefühle ja gar nicht vollständig abschaffen wollen. Der kritische Blick auf ihre beschönigende Rhetorik widerlegt nicht die Empfehlungen, achtsames, dankbares, freundliches Denken oder Verhalten zu trainieren und Fehlschläge auch als Chancen zu verstehen. Wir sollten vor allem auf ein realistisches Glücksverständnis achten: Solch ein Verständnis relativiert die optimistischen Ratschläge und integriert sie einem Denken, das sich in ein Verhältnis zu unverfügbaren Widerfahrnissen bringt, die sich dem Glücksverlangen des Einzelnen mitunter widersetzen.

Letztlich wissen wir das alle. Wie der Philosoph Robert Spaemann (1928–2018) völlig zu Recht feststellt: »Wo es um Fragen des richtigen Lebens geht, könnte nur Falsches wirklich neu sei.«[1]

Aufs Ganze gesehen hat sich jedoch gezeigt, dass zu einer Entscheidung, es mit dem Glück einmal zu versuchen, auch eine Bereitschaft gehört, Enttäuschung, Frustration, Melancholie, Vergänglichkeit, Schicksalsschläge und Verluste geduldig hin-, ja: anzunehmen. Solcherlei muss ein realistisches Glücksverständnis schon deshalb berücksichtigen, weil im Glück selbst bereits eine Menge Unglück steckt, das sich nicht erst aus Missgeschick und Fehlschlägen ergibt. Wer das Glück als Lebensziel wählt, hat sich nämlich immer schon und von vornherein für vielfältige

Facetten des Unglücks mitentschieden. Und es wäre gut, wenn man auf solches gefasst wäre, um mit dem Unglück besser fertig werden zu können.

Entsprechend wichtig ist es, seine eigenen Glückserwartungen genau zu überprüfen. Wer über das alltägliche Glück hinaus das große Glück erwartet, darf sich nicht wundern, wenn dies ausbleibt.

Ja, renn nur nach dem Glück
Doch renne nicht zu sehr
Denn alle rennen nach dem Glück
Das Glück rennt hinterher

heißt es in Bertolt Brechts *Ballade von der Unzulänglichkeit.*[2] Das Problem besteht häufig nicht darin, dass es zu wenig Glücksangebote gibt, sondern darin, dass zu viel Glück erwartet wird. Fast zwangsläufig folgt daraus eine Gücksenttäuschung, der sich nur durch Absenkung von Glückserwartungen begegnen lässt. Alle Enttäuschung ist unerfüllte Erwartung. Allerdings: Ganz ohne Glück geht es auch nicht.

Mitunter können schon kleine Dinge das Glück bedeuten. Möglicherweise macht das nicht viel her, aber manchmal können Kleinigkeiten schon alles sein, jedenfalls genug, um zufrieden, vielleicht sogar glücklich zu werden. Und wenn »man glücklich ist, soll man nicht noch glücklicher sein wollen«, findet Fontane.[3] Solche Leisetreterei hört sich gefährlich an, weil sie die glückswidrigen Lebensbedingungen benachteiligter Schichten festzuschreiben scheint, auch wenn sie lediglich Illusionen vermeiden möchte.

Tatsächlich ist es schwierig, eine ausgeglichene Balance herzustellen zwischen einer klugen Reduzierung von Glückserwartungen und einem sozialkritischen Einspruch gegen die Lebensverhältnisse jener Bevölkerungsgruppen, deren Glückschancen vergleichsweise gering sind.

Doch unabhängig davon, welcher Gesellschaftsschicht man angehört: Alle Menschen müssen damit fertig werden, dass das Leben nicht nur aus Jugend, Gesundheit und Erfolg besteht und der Machbarkeit des Glücks klare Grenzen gezogen sind. Hier wäre es hilfreich, gelassen zu bleiben, soweit es eben geht. Gelassenheit meint dabei eine Haltung, bei der das, was sich nicht ändern lässt, als Grenze eigenen Handelns in das persönliche Streben integriert und akzeptiert wird. Dabei gibt man sein zielstrebiges Handeln nicht auf, sondern verleiht diesem Handeln lediglich eine bedächtige Weitsicht.

In seinen *Heilmitteln gegen Glück und Unglück* mahnt Francesco Petrarca (1304–1374) nicht nur zu einem bedachtsamen Umgang mit Leidvollem, sondern ebenfalls mit Glückserfahrungen. Er warnt den Leser vor maßloser Freude und versucht ihn vor übermäßigem Glücksstreben zu schützen. Allerdings sei es »schwerer, mit der Glücksgunst fertig zu werden als mit der Glücksungunst«.[4] Denn wie leicht ließen wir uns vom Glück dazu hinreißen, seine Unbeständigkeit zu vergessen. Wer aber selbst in sensationellen Glücksmomenten noch zu Bedachtsamkeit, Mäßigung und Weitblick fähig bleibt, wird weder übermütig noch hochmütig. Man müsse nicht nur das Unglück, sondern auch das Glück gelassen ertragen, wohl wissend, dass Sorge, Schmerz und Scheitern gleichfalls Teil des Lebens sind. Da es ein Dasein ohne Krankheiten, Gebrechen und Niederlagen nicht gibt, sollten wir glückswidrige Erfahrungen immer mit einplanen. Glück ist immer eine Gunst auf Abruf: ein Provisorium. Daher kommt es darauf an, den Augenblick zu genießen, ohne dabei dessen Flüchtigkeit zu vergessen, und günstige Gelegenheiten zu ergreifen, an die man jedoch sein Herz nicht zu sehr hängen sollte.

Wer hingegen bloß Schönheit, Gesundheit, Erfolg und Spaß vom Leben erwartet, steht schief zur Wirklichkeit.

Die optimistischen Narrative des modernen Glücksprojekts halten sich vorsichtig formuliert in der Frage zurück, wie der Mensch seinem Unglück standhalten und ein Versagen, das keine neuen Chancen eröffnet, aushalten soll. Sie geben kaum Antworten auf die Frage, wie man mit dem so seltsamen Unglück im Glück selbst und mit Enttäuschungen fertig werden kann, die aus überspannten Erwartungen hervorgehen. Das positive Glücksdenken lässt weitgehend offen, wie man in unabänderliche Widerfahrnisse einwilligen und nicht wiedergutzumachende Fehlschläge halbwegs in Würde überstehen kann. Sie sagen wenig, wie man lernt, loszulassen, ohne daran zu zerbrechen, wie man seine Selbstachtung in schwierigen Lebenslagen wahrt. Angesichts der unverfügbaren Zerbrechlichkeit alles Menschlichen ist es jedoch überaus bedeutsam, seine oft doch nur angemaßte Wichtigkeit zu relativieren und die Erfahrung eigener Geringfügigkeit in sein Selbstbild zu integrieren. Oder anders ausgedrückt: Lebensbejahung sollte sich immer ein wenig mit Bescheidenheit verknüpfen.

Des eigenen Glücks wegen ist es ratsam, nicht dauernd auf Glück aus zu sein. Aus Angst, das Leben zu versäumen, verpasst man dann unter Umständen vor allem sich selbst, indem man unentwegt kurzlebigen Zerstreuungen und aufregenden Abenteuern hinterherrennt. Glücksjäger möchten viele und immer wieder neue Erlebnisse in ihrem endlichen Leben unterbringen. Doch kaum, dass sie solche Erlebnisse gehabt haben, sind diese meist auch schon vergessen. Eigentlich kommen die Glücksjäger kaum von der Stelle: als ob sie permanent Vollgas im Leerlauf fahren würden. Denn die Orientierung an glanzvollen Augenblicken verhindert es auch, Erfahrungen mit längerfristiger Wirkung und stabilem Erinnerungswert machen zu können, aus denen der Einzelne verändert hervorgehen würde. So vereitelt glamouröse Oberflächlichkeit länger nachklingende Glücksgefühle, die dem eigenen Dasein hohe Intensität und den sichtbaren Dingen ringsum starke Gegenwärtigkeit verleihen könnten.

Der Mathematiker Pascal stellt fest, »daß das ganze Unglück der Menschen aus einem einzigen Umstand herrühre, nämlich, daß sie nicht ruhig in einem Zimmer bleiben können«.[5] Mit einer solchen Kompetenz zur Einsamkeit lässt sich aber nicht nur Unglück vermeiden, sondern auch Glück erfahren. Nietzsche erfährt das Glück auf einer blühenden Sommerwiese, als er in besinnlicher Ruhe die Schönheit von Leben und Natur auf sich wirken lässt:

> Oh Glück! Oh Glück! Willst du wohl singen, oh meine Seele? Du liegst im Grase. […] Heisser Mittag schläft auf den Fluren. Singe nicht! Still! Die Welt ist vollkommen. […] Wenig macht die Art des besten Glücks. Still![6]

Was will man mehr?

Anmerkungen

Bausteine des Glücks

1 Vgl. Abraham Maslow, *Motivation and Personality*, New York 1954.
2 Jean-Jacques Rousseau, *Träumereien eines einsamen Spaziergängers*, übers. von Ulrich Bossier, Nachw. von Jürgen von Stackelberg, Stuttgart 2003, S. 20.
3 Vgl. Martin Seligman, *Flourish. Wie Menschen aufblühen. Die positive Psychologie des gelingenden Lebens*, übers. von Stephan Schuhmacher, München 2012
4 Vgl. Karl Raimund Popper, *Die offene Gesellschaft und ihre Feinde*, Bd. 2, Bern/München 1970, S. 292–294, sowie Friedrich August von Hayek, *Die verhängnisvolle Anmaßung. Die Irrtümer des Sozialismus*, Tübingen 1996, S. 97–114.
5 Vgl. Edgar Cabanas / Eva Illouz, *Das Glücksdiktat*, übers. von Michael Adrian, Frankfurt a. M. 2019, S. 72–77.
6 Vgl. allgemein David Lykken, *Happiness*, New York 2000.
7 Vgl. Helmut Fink / Rainer Rosenzweig (Hrsg.), *Hirn im Glück*, Nürnberg 2020.
8 Immanuel Kant, *Grundlegung zur Metaphysik der Sitten*, hrsg. von Theodor Valentiner, Stuttgart 1961, S. 48.
9 Theodor Fontane, *Briefe an Wilhelm und Hans Hertz 1859–1898*, Stuttgart 1972, Brief an Wilhelm Hertz vom 13. Juli 1884, S. 272.
10 Gottfried Benn, *Gesammelte Werke* 3, Stuttgart 1977, S. 311.
11 Platon, *Euthydemos* 279, in: *Werke* 2, Hamburg 1975, S. 82.
12 Plotin, *Die Glückseligkeit*, in: *Ausgewählte Einzelschriften*, Hamburg 1969, S. 4–41.
13 Aurelius Augustinus, *Über das Glück*, in: *Philosophische Frühdialoge*, Zürich/München 1972, S. 145–213.
14 Ludwig Wittgenstein, *Werkausgabe* 1, Frankfurt a. M. 1984, Tagebuch 13. August 1916.
15 Gottfried Benn, *Einsamer nie*, in: *Gesammelte Werke* 3, S. 140.

16 Odo Marquard, *Zeitalter der Weltfremdheit?*, Stuttgart 2023, S. 46.
17 Vgl. Aristoteles, *Nikomachische Ethik*, Buch I und X, übers. und hrsg. von Gernot Krapinger, Stuttgart 2017.
18 Ebd.
19 Pindar, *VIII. Pythie* 55 f., in: Michael Theunissen, *Pindar*, München 2002, S. 997.

Baustellen des Glücks

1 Vgl. Aristoteles, *Nikomachische Ethik*, Buch VI, 2–4.
2 Max Weber, *Politik als Beruf*, mit einem Nachw. von Ralf Dahrendorf, Stuttgart 1992, S. 74.
3 Samuel Beckett, *Aufs Schlimmste zu*, übers. von Erika Tophoven-Schöningh, Frankfurt a. M. 1989, S. 89.
4 Alkman, *Fragment 1*, 37–39, in: Theunissen, *Pindar*, S. 242.
5 Vgl. Kant, *Grundlegung zur Metaphysik der Sitten*.
6 Georg Wilhelm Friedrich Hegel, *Vorlesungen über die Philosophie der Geschichte*, mit einer Einf. von Theodor Litt, Stuttgart 1961, S. 70 f.
7 John Stuart Mill, *Der Utilitarismus*, übers. und hrsg. von Dieter Birnbacher, Stuttgart 1976, S. 49.
8 Sigmund Freud, *Das Unbehagen in der Kultur*, hrsg. von Lothar Bayer und Kerstin Krone-Bayer, Stuttgart 2010, S. 21.
9 Heinrich Heine, *Sämtliche Gedichte*, hrsg. von Bernd Kortländer, Stuttgart 1990, S. 558.
10 Heinrich von Kleist, *Geschichte meiner Seele*, Brief vom 28. Juli 1801, Frankfurt 1977, S. 215.
11 Mill, *Der Utilitarismus*, S. 33.
12 Kant, *Grundlegung zur Metaphysik der Sitten*, Erster Abschnitt.
13 Ebd.
14 Max Horkheimer, *Kritische Theorie 1*, Frankfurt a. M. 1968, S. 168, 372.
15 Max Horkheimer, *Sehnsucht nach dem ganz Anderen*, Hamburg 1970, S. 67.

16 Richard Rorty, *Kontingenz, Ironie, Solidarität*, übers. von Christa Krüger, Frankfurt a. M. 1989, S. 13.
17 Ebd.

Baumängel des Glücks

1 Thomas Mann, *Buddenbrooks*, Frankfurt a. M. 2002, S. 430.
2 Sören Kierkegaard, *Die Tagebücher 1834–1855*, übers. von Theodor Haecker, [o. O.] 2019, S. 157.
3 Vgl. Rainer Maria Rilke, *Duineser Elegien*, V. und X. Elegie, Stuttgart 1997.
4 Blaise Pascal, *Das Ich besteht in meinem Denken. Aus den »Gedanken«*, hrsg. von Franz Josef Wetz, übers. von Ulrich Kunzmann, Stuttgart 2017, S. 44.
5 Vgl. Voltaire, *Remarques sur les Pensées*, in: Kurt Flasch, *Christentum und Aufklärung*, Frankfurt a. M. 2020, S. 315.
6 André Gide, *Erzählungen*, Berlin 1978, S. 183.
7 Immanuel Kant, *Kritik der reinen Vernunft*, hrsg. von Ingeborg Heidemann, Stuttgart 1966, S. 222.
8 Theodor Fontane, *Effi Briest*, mit einem Essay von Nora Gomringer, Stuttgart 2019, S. 295.
9 Friedrich Nietzsche, *Also sprach Zarathustra. Ein Buch für Alle und Keinen*, mit einem Nachw. von Josef Simon, Stuttgart 1994, S. 239.
10 Mann, *Buddenbrooks*, S. 430.
11 Johann Wolfgang Goethe, *Vier Jahreszeiten*, in: *Werke 1*, München 1998, S. 225.
12 Guy de Maupassant, *Das Glück*, übers. von Walter Widmer, Zürich 1983, S. 40.
13 Brüder Grimm, *Kinder- und Hausmärchen*, hrsg. von Heinz Rölleke, Stuttgart 1980, S. 393.
14 Diogenes Laertius, *Leben und Lehre der Philosophen*, übers. und hrsg. von Fritz Jürß, Stuttgart 1998, S. 267.
15 Pascal, *Das Ich besteht in meinem Denken*, S. 47.
16 Vgl. Marquard, *Zeitalter der Weltfremdheit?*, S. 22–28.

17 Johann Wolfgang Goethe, *Die Leiden des jungen Werther*, mit einem Nachw. von Ernst Beutler, Stuttgart 1948, S. 45.
18 Theodor Fontane, *Cécile*, hrsg. von Christian Grawe, Stuttgart 1982, S. 112.
19 Iwan Gontscharow, *Oblomow*, übers. von Vera Bischitzky, Frankfurt a. M. 1981, S. 671.
20 Ebd., S. 672.
21 Joseph Eichendorff, *Die Glücksritter*, Werke Bd. 2, München 1970, S. 894.
22 Georg Wilhelm Friedrich Hegel, *Phänomenologie des Geistes*, mit einem Nachw. von Georg W. Bertram, Stuttgart 1987, S. 171.
23 Fernando Pessoa, *Buch der Unruhe*, übers. von Inés Koebel, Zürich 2003, S. 426.
24 Ernst Bloch, *Das Prinzip Hoffnung 1*, Frankfurt a. M. 1969, S. 343.
25 Thomas Mann, *Frühe Erzählungen*, Frankfurt a. M. 1981, S. 103 f.
26 Rousseau, *Träumereien*, S. 93.
27 Theodor Storm, *Gesammelte Werke 1*, München 1981, S. 31.
28 Friedrich Nietzsche, KSA 3, München / Berlin / New York 1980, S. 317.

Wie viel Glückstalent hat der Mensch? Ein Ausblick

1 Robert Spaemann, *Glück und Wohlwollen*, Stuttgart 1989, S. 9.
2 Bertolt Brecht, *Gesammelte Werke* 2, Frankfurt a. M. 1975, S. 465.
3 Theodor Fontane, *Unwiederbringlich*, in: *Werke* 2, Berlin 1831, S. 7.
4 Francesco Petrarca, *Heilmittel gegen Glück und Unglück*, übers. und komm. von Rudolf Schottlaender, München 1988, S. 51.
5 Pascal, *Das Ich besteht in meinem Denken*, S. 42.
6 Nietzsche, *Zarathustra*, S. 289.